MOVIMENTOS SOCIAIS E DIREITO

H548m Herkenhoff, João Baptista
Movimentos sociais e Direito / João Baptista Herkenhoff.
– Porto Alegre: Livraria do Advogado Editora, 2004.
183p.; 14 x 21 cm.

ISBN 85-7348-293-1

1. Direito. 2. Movimento social. 3. Ensino jurídico. 4. Justiça agrária. 5. Direitos humanos. 6. Globalização. 7. Justiça social. 8. Hermenêutica. 9. Cidadania. 10. Integração regional. 11. Poder Judiciário. I. Título.

CDU - 34:232.2

Índices para o catálogo sistemático:

Direito
Movimento social
Ensino Jurídico
Justiça agrária
Direitos humanos
Globalização
Justiça social
Hermenêutica
Cidadania
Integração regional
Poder Judiciário

(Bibliotecária responsável: Marta Roberto, CRB-10/652)

João Baptista Herkenhoff

Movimentos Sociais
e
Direito

livraria
DO ADVOGADO
editora

Porto Alegre 2004

© João Baptista Herkenhoff, 2004

Capa, projeto gráfico e composição de
Livraria do Advogado Editora

Revisão de
Rosane Marques Borba

Direitos desta edição reservados por
Livraria do Advogado Editora Ltda.
Rua Riachuelo, 1338
90010-273 Porto Alegre RS
Telefax: 0800-51-7522
livraria@doadvogado.com.br
www.doadvogado.com.br

Impresso no Brasil / Printed in Brazil

Sumário

Apresentação 11

1. O Direito e os Movimentos Sociais 13
  1.1. Introdução 14
  1.2. Conceito de movimentos sociais 15
  1.3. Novos movimentos sociais no Brasil 17
  1.4. MST, o mais importante movimento social brasileiro . . . 19
  1.5. Movimentos sociais em confronto com o Direito
     estabelecido, proclamado e reconhecido 22
  1.6. Movimentos sociais criando direitos 25
  1.7. Posição dos juristas em face da demanda de direito
     proveniente dos movimentos sociais: exame da questão,
     no Brasil contemporâneo 28
  1.8. Posição dos juristas em face da demanda de direitos
     proveniente dos movimentos sociais: um depoimento
     pessoal 31
  1.9. O jurista na escuta dos movimentos sociais 36

2. Humanização do ensino jurídico 39
  2.1. O que seria a humanização do ensino jurídico? 39
  2.2. Perspectiva antropocêntrica 40
  2.3. O toque do Humanismo no Direito 40
  2.4. Humanismo jurídico 41
  2.5. Ensino jurídico alimentado por uma concepção humanística 41
  2.6. Profissionais competentes marcados por uma educação
     humanizadora 42
  2.7. A visão humanística não pode ser uma opção sentimental 42
  2.8. Se servi à humanização do Direito... 43
  2.9. Na universidade 44
  2.10. Como Professor Visitante e Professor Itinerante 44
  2.11. No exercício da Magistratura 45
  2.12. Como escritor 49
  2.13. O papel das Faculdades de Direito no atual momento
     histórico 51

2.14. Síntese do desafio humanizador que se coloca à frente do
jurista 52
2.15. Direito a serviço da pessoa humana 55
3. Instituição da Justiça Agrária como avanço democrático . . 57
   3.1. Advertência preliminar 57
   3.2. As condições de trabalho no campo e o acesso ao Judiciário 59
      3.2.1. As condições de trabalho no campo 59
      3.2.2. O acesso ao Judiciário 62
   3.3. Forças sociais e criação do Direito 64
   3.4. Movimentos a favor da criação da Justiça Agrária 65
      3.4.1. Trabalhos publicados 65
      3.4.2. Manifestações e posicionamentos da sociedade
brasileira 66
   3.5. Forças sociais retardando a proteção jurídica ao camponês 68
   3.6. A penosa luta dos camponeses em busca de proteção
jurídica 70
   3.7. Um depoimento como Juiz 71
   3.8. Discussão sobre o Poder Judiciário no atual momento
brasileiro 72
   3.9. Não se agravaram os problemas da Justiça: só é possível
a denúncia em clima de liberdade 73
   3.10. Instituição da Justiça Agrária: tudo se ajusta para a
vitória deste avanço democrático 75
   3.11. Juízes agrários: uma solução emergencial? 76
   3.12. Razões para a instituição da Justiça Agrária 81
   3.13. Especialização dos juízes agrários 82
   3.14. Justiça Agrária e Direito Agrário 84
   3.15. Organização da Justiça Agrária: algumas idéias 86
      3.15.1. Inconveniência de uma eventual representação
classista, já repudiada pela Justiça do Trabalho,
na estrutura da Justiça Agrária 86
      3.15.2. Tribunal Superior Agrário, Tribunais Regionais
Agrários e juízes agrários: composição e forma
de escolha 88
      3.15.3. Justiça Agrária deve ser federal 89
      3.15.4. Competência da Justiça Agrária 89
      3.15.5. Justiça Agrária: causas em que a União, entidade
autárquica ou empresa pública federal for
interessada 90
      3.15.6. Extensão da jurisdição dos Juízos Agrários a mais
de uma comarca 90
   3.16. Conclusão 90

4. Direitos Humanos e Globalização 93
4.1. Apresentação 93
4.2. Começando a primeira parte desta reflexão. Para uma
definição de Direitos Humanos 93
4.3. Ampliação da idéia de Direitos Humanos 94
4.4. Para uma definição de Globalização 95
4.5. Dimensões do processo sócio-histórico da globalização . 95
4.6. Globalização, um conceito em construção 96
4.7. Globalização, mudança qualitativa da internacionalização 96
4.8. Globalização e nova etapa do Capitalismo 97
4.9. Globalização, metáfora do imperialismo 97
4.10. Começando a segunda parte deste nosso estudo.
Relação entre Globalização e Direitos Humanos:
os desafios da análise 98
4.11. Pistas que favoreçam a busca de respostas para as nossas
perplexidades. Metodologia do VER, JULGAR e AGIR . 99
4.12. Ver 99
4.13. Ver, com olhos cuidadosos, as repercussões da
globalização na América Latina 101
4.14. Ver: a proposta da ALCA 102
4.15. Ver: relatório da ONU sobre desenvolvimento humano 102
4.16. Ver: crescimento do desemprego 103
4.17. Ver: globalização e meio ambiente 103
4.18. Julgar: quesitos de julgamento 104
4.19. Julgar: o modelo do sistema de comunicações 105
4.20. Julgar: subsídios que a análise marxista pode oferecer . 105
4.21. Julgar: a globalização da violência 106
4.22. Agir: é possível resistir à globalização? 106
4.23. Agir: o plebiscito sobre a ALCA 107
4.24. Agir: optar pela globalização apontada por
Milton Santos 108
4.25. Agir: recuperar a Agenda 21, priorizar a defesa do
meio ambiente 108
4.26. Agir: recuperar a força do Humanismo e da Utopia . . . 109
4.27. Agir: exigir o respeito à diversidade lingüística e cultural 109
4.28. Agir: há um outro caminho - denunciar as ilusões de um
mundo pretensamente unificado 110
4.29. Agir: novos atores devem reivindicar seu papel na
construção de um modelo social alternativo 112

5. Hermenêutica, Justiça Social e Desenvolvimento 115
5.1. Direito, Justiça Social e Desenvolvimento 115
5.2. Hermenêutica, Justiça Social e Desenvolvimento – a
"visão hermenêutica" define a linha filosófica do jurista . 117
5.3. Interpretação da lei e aplicação do Direito 117

5.4. Aplicador do Direito deve ser força social a serviço do progresso 118
5.5. Visão conservadora ou visão progressista do Direito ... 118
5.6. A exegese jurídica e seus caminhos 119
5.7. O aprisionamento à jurisprudência dominante deve ser evitado 120
5.8. Prevalência da opinião do relator, nos tribunais, é um desvio censurável ao princípio da colegialidade 121
5.9. As instâncias inferiores na renovação do Direito. O papel do Advogado 121
5.10. O Ministério Público que emerge da Constituição de 1988 122
5.11. O crivo da opinião pública e do debate universitário .. 122
5.12. O imperialismo externo e o imperialismo doméstico .. 123

6. A cultura da paz e da cidadania no século XXI – integração sem exclusões 125
6.1. Preâmbulo que situa este capítulo num momento da vida do seu autor e da geração de que faz parte 126
6.2. Indagações preliminares 129
6.3. A cultura da paz e da cidadania 129
6.4. Como criar uma cultura da paz e da cidadania? 130
6.5. A guerra e a paz 131
6.6. Paz – mística que se cultiva, utopia que se constrói 132
6.7. Cidadania, direitos humanos, paz 134
6.8. Indústria de armamentos, guerra, paz 135
6.9. Cultura da paz e da cidadania, endereçada ao século XXI: uma prioridade? 136
6.10. Premência e atualidade de uma cultura da paz e da cidadania 136
6.11. Cultura da paz e da cidadania endereçada ao século XXI: integração sem exclusões 137
6.12. A questão da Globalização 138
6.13. ALCA e MERCOSUL: profunda diferença 138

7. O poder político do Judiciário 141
7.1. O poder político 141
7.2. Sistema social, sistema político, sistema econômico, sistema jurídico 142
7.3. O sistema judiciário como subsistema do sistema jurídico 143
7.4. O Judiciário, na tradição constitucional brasileira: poder político do Judiciário 144
7.5. O juiz como sucessor do coronel, na estrutura de poder da sociedade interiorana 146
7.6. Critério para o exercício do poder político, pelo Judiciário 148
7.7. Validade da detenção de um poder político, pelo Judiciário 148
7.8. Papel do Judiciário no modelo político brasileiro 150

8. Empresa, comunidade humana 155
8.1. Na contramão do neoliberalismo 155
8.2. O dom da palavra, o silêncio é omissão 156
8.3. O mistério do livro, o convite ao diálogo 157
8.4. Uma palavra especial para o contabilista 157
8.5. Empresa, comunidade humana 159
8.6. Transformar o mundo em que vivemos, não importa o
lugar em que nos encontramos 160
8.7. O utilitarismo despreza o sorriso, a doçura é piegas numa
sociedade que se ergue sobre o materialismo 161
8.8. O Direito a serviço do ideal de transformar a empresa em
"comunidade humana" 162

9. Sabatinado por jornalistas 165
9.1. Entrevista à Jornalista Aletéia Patrícia. Foi publicada no
jornal "O Povo", de Fortaleza, edição de 23 de março de
1997 166
9.2. Entrevista concedida ao Jornalista Lucas Caliari Margotto,
para o jornal "Sui Generis", publicação mensal da OAB,
Subseção de Colatina, Espírito Santo. Foi estampada na
edição de setembro de 1997 171
9.3. Entrevista concedida à Jornalista Daniela Zanetti, para a
Revista "Capixaba Agora" (2000) 174

Livros do autor,
anteriores a este, com registro das sucessivas edições 177

Referências bibliográficas 179

Apresentação

Esta obra está marcada pela preocupação de contribuir para a abertura de janelas de comunicação do Direito com outros saberes.

Parece-me que entrava o progresso da Ciência do Direito o vício secular de enclausurar o Direito nos limites da Dogmática Jurídica. Todos os capítulos deste livro voltam-se para a reflexão multidisciplinar em torno do Direito. Deixo a cargo do leitor, na maioria dos casos, como provocação a seu espírito, identificar aqui e ali a confluência que procurei estabelecer entre o Direito e outros campos do conhecimento – Sociologia, Antropologia, Ciência Política, Economia, História, Pedagogia, Psicologia, Lingüística, Ética.

Sempre procurei convocar meus alunos para um mergulho nas Ciências Sociais e Humanas. Sempre lhes disse que o verdadeiro jurista não se pode ilhar no seu saber, uma vez que esse isolamento impede a compreensão do próprio sentido e fins do Direito. O jurista que se fecha no mundo meramente jurídico será sempre conservador, estreito no julgamento, incapaz de perceber a infinitude das situações diante das quais o Direito se debruça, no cotidiano da vida.

Este é meu trigésimo segundo livro. Como todos os anteriores, o propósito foi sempre o de contribuir, em alguma medida, por modesta que seja, para a reflexão e a discussão dos temas tratados.

Movimentos Sociais e Direito

Apreciarei muitíssimo as críticas que sejam feitas, os depoimentos que sejam prestados e as contribuições que sejam oferecidas para o aprimoramento deste trabalho. De hábito tenho feito o registro dessas contribuições, nas edições ulteriores dos livros.

Para esse fim, ofereço aos leitores, ao pé desta página, os endereços postal e eletrônico.

João Baptista Herkenhoff

Endereço postal:
Rua Constante Sodré, 1341 – apt. 1102
Praia do Canto
29.055-420 – Vitória, ES

Endereço eletrônico: jbherkenhoff@uol.com.br
Homepage: www.joaobaptista.com

1. O Direito
e os Movimentos Sociais

Num livro que, no seu desenvolvimento, tem como tema recorrente debater o Direito e a transformação social, creio adequado colocar, neste capítulo de abertura, estas reflexões sobre o Direito e os Movimentos Sociais, pois os Movimentos Sociais, segundo defendemos, têm legitimidade para criar e, efetivamente, criam o Direito. Este texto reproduz a palestra que fizemos na XVIII Conferência Nacional dos Advogados, que se reuniu na Bahia, em Salvador. Demos nossa contribuição atendendo convite formulado pelo Conselho Federal da OAB, através do Dr. Rubens Approbato Machado, seu Presidente, e do Dr. Hermann Assis Baeta.

Nossa fala foi proferida em 13 de novembro de 2002, dentro do painel "Movimentos sociais e realização de direitos".

Nesse painel, foram nossos companheiros de mesa José Geraldo de Sousa Júnior e Carlos Augusto Ayres Freitas de Britto. O tema do Dr. José Geraldo de Sousa Júnior foi "Ações políticas e reações criminalizadoras: impasses éticos na estratégia dos movimentos sociais". Já o Dr. Carlos Augusto Ayres Freitas de Britto deu sua contribuição falando sobre "Propriedade da terra e dilemas da Reforma Agrária".[1]

---

[1] O painel foi presidido pelo Dr. Mário Sérgio Duarte Garcia. Funcionou como relator o Dr. Elói Pinto de Andrade.

Movimentos Sociais e Direito

Consideramos sumamente honroso ter comparecido, pela segunda vez, como palestrante, a uma Conferência Nacional convocada pela OAB. Isto porque as Conferências Nacionais da OAB têm sido, a cada ano, o mais importante evento da vida jurídica brasileira e um dos mais relevantes acontecimentos da vida política, social e cultural do país.

À abertura da Conferência, em reconhecimento a sua magnificência, compareceu, ao lado de muitas outras figuras destacadas, o já então Presidente eleito Luís Inácio Lula da Silva.

1.1. Introdução

O desafio que nos é proposto consiste em lançar, neste plenário, sementes para a reflexão em torno dos conceitos – Direito e Movimentos Sociais.

Como as Conferências da OAB, tradicionalmente, nunca foram tertúlias de academicismo vazio, de folguedo intelectual, de exercício diletante da inteligência, o que convoca nossa atenção, neste conclave, não é a reflexão pura, mas a reflexão datada e geograficamente situada. Mais ainda, é a reflexão comprometida.

Dizendo de outra maneira: estão sendo convocadas nossa inteligência, nossa capacidade de fazer escolhas existenciais e políticas, nossos devotamentos para então, com zelo, buscarmos horizontes para ajudar na transformação radical da realidade brasileira contemporânea.

Os termos colocados lado a lado nos incitam a pensar sobre as relações dialéticas entre Direito e Movimentos Sociais, Movimentos Sociais e Direito.

Recorreremos, neste trabalho, a autores clássicos brasileiros e estrangeiros, a mergulhos na História, porém estaremos atentos a que essa busca de referências no tempo e no espaço não nos deve distanciar do nosso país e do papel que nos cabe desempenhar, como juristas, dentro dele, neste início de milênio.

14

João Baptista Herkenhoff

1.2. Conceito de movimentos sociais

Na Sociologia Acadêmica, o termo "movimentos sociais" surgiu com Lorenz Von Stein, por volta de 1840. Lorenz Von Stein defendeu a pertinência de uma ciência da sociedade que se dedicasse aos "movimentos sociais", tais como ele os percebeu então – o movimento operário francês, o Comunismo e o Socialismo emergentes.[2]

Os movimentos sociais referidos pelo autor são aqueles comumente denominados "velhos movimentos sociais".

A partir da segunda metade do século XX, os movimentos sociais, na Europa e nos Estados Unidos, assumem nova fisionomia. Já não são apenas as bandeiras dos "velhos movimentos sociais" que alimentam as lutas, mas bandeiras novas – o Feminismo, o Pacifismo, a Ecologia. Estes são os chamados "novos movimentos sociais".

Alain Touraine vê os novos movimentos sociais como ações coletivas tendentes a obter mudanças na esfera social e cultural. Essas ações são dirigidas contra um opositor, que resiste. Elas falam de liberdade, igualdade, justiça social, independência nacional, apelo à

---

[2] *Apud* Rudá Ricci. "Movimentos Sociais Urbanos e Rurais no Brasil Contemporâneo". Colhido através da internet no site www.google.com.br, procurando "movimentos sociais". Este texto ainda não foi editado em livro, conforme informação (fevereiro de 2003) que obtive diretamente de seu autor.

Citaremos por diversas vezes neste livro, como fonte, matérias encontradas na internet. Alguns estudiosos olham, com reserva, a internet como fonte de pesquisa, em vista da fluidez dos dados. Ou seja, o que hoje está na internet amanhã pode ser retirado dela. Entretanto, parece-me que é anacrônica a recusa da internet como fonte confiável, em face do mundo de informações que abre para os pesquisadores. Devido à procedência do argumento de fluidez dos dados da internet, sempre procuraremos, no rodapé, acrescentar elementos que proporcionem maior segurança às citações.

Rudá Ricci, sociólogo, escreve desde a década de oitenta sobre movimentos sociais. Foi consultor da ONU e também consultor da Comissão Pastoral da Terra (CPT). Foi ainda assessor do Departamento Nacional de Trabalhadores Rurais da CUT.

Movimentos Sociais e Direito

modernidade e à liberação de forças novas, num mundo de tradições, preconceitos e privilégios.[3]

Claus Offe identifica as bases dos novos movimentos sociais que segundo ele são:

- a nova classe média, especialmente aquela formada por profissionais de serviços humanos e do setor público;
- a velha classe média;
- uma categoria da população formada por gente que está à margem do mercado de trabalho, numa posição periférica.[4]

Sandra Maria Marinho Siqueira procura distinguir os velhos e os novos movimentos sociais. Os "novos movimentos sociais" são os movimentos das mulheres, ecológicos, contra a fome e outros, sinalizando em princípio um distanciamento do caráter classista que se configurava nos "velhos movimentos sociais" (movimentos sindicais e operários, localizados no mundo do trabalho).[5]

Maria da Glória Gohn define os movimentos sociais como ações coletivas de caráter sociopolítico, construídas por atores sociais pertencentes a diferentes classes e camadas sociais. Esses movimentos politizam suas demandas e criam um campo de pressão na sociedade civil. As ações estruturam um processo social e político-cultural que imprime ao movimento uma identidade coletiva, a partir de interesses em comum. Esta identida-

---

[3] Alain Touraine. *Movimentos sociais e ideologias nas sociedades dependentes*. In: Albuquerque, J. A. G. (org.). *Classes médias e política no Brasil*. Rio de Janeiro. Paz e Terra, 1977.

[4] Claus Offe. *Capitalismo desorganizado*. São Paulo, Brasiliense, 1992.

[5] Sandra Maria Marinho Siqueira. "O papel dos movimentos sociais na construção de outra sociabilidade". Trabalho apresentado na 25ª Reunião Anual da Associação Nacional de Pós-Graduação e Pesquisa em Ciências Sociais, ocorrida em Caxambu, MG, de 29 de setembro a 2 de outubro de 2002. Colhido através da internet no site www.google.com.br. A autora, na época, era doutoranda do programa de pós-graduação em Educação Brasileira, na Faculdade de Educação da Universidade Federal do Ceará.

de decorre do princípio da solidariedade e é construída a partir da base referencial de valores culturais e políticos compartilhados pelo grupo.[6]

Os "novos movimentos sociais" – é de Sandra Maria Marinho Siqueira o arremate – desenvolvem ações particularizadas relacionadas às dimensões da identidade humana, deslocada das condições socioeconômicas predominantes. Suas práticas não se aproximam de um projeto de sociabilidade diferenciada das relações sociais capitalistas. Não se voltariam, segundo a autora citada, "para a transformação das atuais formas de dominação política e econômica, no sentido da construção de sociedade baseada na organização coletiva e no desenvolvimento das potencialidades humanas na direção não-capitalista".[7]

Os anseios manifestados pelos "novos movimentos sociais" (dos ecologistas, das feministas, dos negros, dos jovens, dos homossexuais etc.) não podem, a meu ver, ser satisfeitos dentro de uma sociedade fundada em relações de produção capitalistas. Sociedades capitalistas não conduzem a uma vida de autêntica significação existencial. Daí que Ricardo Antunes, com acerto, veja as potencialidades de contestação dos novos movimentos sociais à face do modelo capitalista de organização social.[8]

1.3. Novos movimentos sociais no Brasil

Eliane Botelho Junqueira distingue, de forma radical, os "novos movimentos sociais", que eclodiram no Brasil, dos "novos movimentos sociais", da forma como se manifestaram na Europa e nos Estados Unidos.

---

[6] Maria da Glória Gohn. *Teorias dos Movimentos Sociais: Paradigmas Clássicos e Contemporâneos*. São Paulo, Loyola, 1997.

[7] Sandra Maria Marinho Siqueira. "O papel dos movimentos sociais na construção de outra sociabilidade", trabalho já citado em nota de rodapé anterior.

[8] Ricardo Antunes. *Adeus ao Trabalho? Ensaios sobre as metamorfoses e a centralidade do mundo do trabalho*. São Paulo, Cortez, 1997.

Movimentos Sociais e Direito

No Brasil – Eliane Botelho Junqueira chama a atenção – novos movimentos sociais são aqueles que se formaram "depois de mais de vinte anos de um regime militar que desarticulou a organização popular do início da década de sessenta, principalmente o forte movimento camponês do Nordeste. Ainda que cronologicamente recentes – e, portanto, novos – estes movimentos (...) não compartilham as perspectivas dos movimentos dos países centrais (...) e estão voltados não para as questões feministas ou ecológicas, mas sim para uma melhor distribuição das propriedades rurais e urbanas, problemas cujo encaminhamento foi interrompido durante o período autoritário".[9]

Mesmo os movimentos sociais que têm traços em comum em qualquer latitude, como os movimentos feministas, assumem uma face específica dentro da realidade brasileira.

Veja-se, por exemplo, a Carta de Princípios da Conferência Nacional de Mulheres Brasileiras, aprovada em Brasília em 6 e 7 de junho de 2002.

Além de certas posições de curso universal, as Mulheres Brasileiras reunidas em Conferência Nacional tiveram sensibilidade para fechar questão em torno de objetivos políticos que têm atinência direta e atual com os dramas enfrentados por nosso povo. Assim é que firmaram como princípios, dentre outros:

- comprometer-se com a crítica ao modelo neoliberal injusto, predatório e insustentável do ponto de vista econômico, social, ambiental e ético;
- reconhecer os direitos econômicos, sociais, culturais e ambientais das mulheres;
- comprometer-se com a defesa dos princípios de igualdade e justiça econômica e social;

---

[9] Eliane Botelho Junqueira. *Através do espelho: ensaios de Sociologia do Direito.* Rio de Janeiro, Letra Capital Editora & Instituto Direito e Sociedade, 2001, p. 133.

- reconhecer o direito universal à educação, saúde e previdência;
- comprometer-se com a luta pelo direito à terra e à moradia;
- comprometer-se com a luta contra todas as formas de discriminação de gênero, e com o combate à violência, maus-tratos, assédio e exploração de mulheres e meninas.[10]

Iracema Dantas chama a atenção para esse mesmo sentido de superação das questões simplesmente de gênero que se observa nas conclusões da citada Conferência Nacional de Mulheres Brasileiras.[11]

Também expressivo desse sentido universal e amplo que ganha, sobretudo no Brasil, o movimento feminista é o *slogan* de combate da União Brasileira de Mulheres: "por um mundo de igualdade, contra a opressão".[12]

1.4. MST, o mais importante movimento social brasileiro

A nosso ver, o MST é o mais importante movimento social no Brasil contemporâneo.

O MST nasceu em 1984, por iniciativa de trabalhadores rurais ligados à Igreja Católica.

Segundo dados da CPT (Comissão Pastoral da Terra), órgão ligado a um elenco de Igrejas cristãs, existem, atualmente, cerca de 300 mil famílias vivendo sob o abrigo de tendas de plástico junto às rodovias.[13]

---

[10] Colhido através da internet no *site*: www.google.com.br, procurando "Movimentos sociais".

[11] Artigo de Iracema Dantas colhido na internet, no seguinte endereço eletrônico: www.dedbrasil.org.br/b40.htm. A autora é Coordenadora de Comunicação Social do IBASE.

[12] A UBM (União Brasileira de Mulheres) é sediada em São Paulo, com este endereço: Rua Bororós, 51 – 1º andar. CEP: 01320-020. O e-mail da instituição é: umb@uol.com.br.

[13] Colhido através da internet no *site*: www.google.com.br, procurando "Comissão Pastoral da Terra".

Movimentos Sociais e Direito

Trabalhadores acampados revelam apenas a face militante do grito de Justiça do MST.

Se aprofundamos no exame dos dados existentes, a situação real é bem mais dramática.

O Brasil possui 600 milhões de hectares de terra cultiváveis. Entretanto, 2% de proprietários rurais são donos de 48% das terras agriculturáveis. Há latifúndios com extensão superior ao território de países como a Holanda e a Bélgica.

Segundo dados do Atlas Fundiário do INCRA, "existem 3.114.898 imóveis rurais cadastrados no país que ocupam uma área de 331.364.012 hectares. Desse total, os minifúndios representam 62,2% dos imóveis, ocupando 7,9 % da área total. No outro extremo verifica-se que 2,8 % dos imóveis são latifúndios que ocupam 56,7 % da área total".[14]

Em cima desses dados, conclui a CPT: "Lamentavelmente, o Brasil ostenta o deplorável título de país com o quadro de segunda maior concentração da propriedade fundiária, em todo o planeta."[15]

Um terço da população brasileira vive abaixo da linha de pobreza, com renda mensal inferior a 60 dólares. Um oitavo do povo vive abaixo da linha da indigência, com renda mensal inferior a 30 dólares.

Grande parte desses excluídos foram expulsos do campo:

a) por força dos latifúndios que ampliam seus domínios;

b) como conseqüência das barragens que são construídas sem qualquer atenção àqueles que são removidos do seu chão;

c) e finalmente por causa de juros bancários extorsivos que transformam o pequeno proprietário rural

---

[14] INCRA. *Atlas Fundiário Brasileiro*. Brasília, 2001.

[15] Colhido através da internet no *site*: www.google.com.br, procurando "Comissão Pastoral da Terra".

de ontem no homem sem referência e sem horizontes de hoje, a perambular pelas ruas da cidade ou a buscar a retomada do sonho de viver nos acampamentos dos trabalhadores sem terra.[16]

A Confederação Nacional da Indústria encomendou, em março de 1997, uma pesquisa sobre os sentimentos do povo em relação ao MST. O grau de aceitação e aprovação do MST, no seio da opinião pública, merece nossa atenção:
- 85% dos respondentes apoiavam as ocupações de terra, desde que sem violência e mortes;
- 94% consideravam justa a luta do MST pela reforma agrária;
- 77% encaravam o MST como um movimento legítimo;
- 88% disseram que o Governo deveria confiscar as terras improdutivas e distribuí-las aos sem-terra.[17]

As marchas do MST, a meu ver, são marchas de luta pela Justiça, são marchas cívicas de salvação nacional. Quando assusta a migração do campo para a cidade, num país que, por sua imensa extensão territorial, tem vocação agrícola, o que o MST pretende é a migração da cidade para o campo. Vejo um traço de poesia nessa trajetória: migram da desesperança para a Esperança, da exclusão para a inclusão, da condição de apátridas do abandono social para a condição de construtores da *Pátria Mãe gentil* de todos nós.

Parece-me assistir razão a Ariovaldo Umbelino de Oliveira, um militante da CPT, quando vê no MST um movimento que busca a construção de uma nova sociedade: "re-ensina os ideais de nação, de pátria e patriotismo neste início de século XXI repleto de visões

---

[16] Os dados foram colhidos na mesma fonte indicada na nota de rodapé anterior.

[17] Colhido através da internet no *site*: www.google.com.br, procurando "Movimentos sociais".

Movimentos Sociais e Direito

globalizadas de um mundo em que a cidadania ainda é conquista de poucos".[18]

Temos de repelir a idéia falsa e preconceituosa, presente em alguns setores da opinião pública, que tenta indigitar o MST como "inimigo social", confundindo uma luta legítima, que deve merecer nosso apoio e simpatia, com um motim de desordeiros.

Da mesma forma merece esclarecimento a idéia às vezes corrente de que a reforma agrária repartiria a pobreza no campo. Os fatos levam a conclusões diametralmente opostas.

Colocou muito bem o *Fórum Nacional pela Reforma Agrária e Justiça no Campo*:

> "Com todas as adversidades, a agricultura familiar responde hoje por 80% do abastecimento dos produtos que compõem a cesta básica e emprega quase 90% da mão-de-obra no campo. A pequena propriedade gera um emprego a cada 5 hectares enquanto o latifúndio precisa de 223 hectares para gerar um emprego. (...)
>
> Dado o desemprego e a deterioração da qualidade de vida nos centros urbanos brasileiros, a vida nas cidades fica cada vez mais insustentável. Neste contexto, a reforma agrária é um elemento central de um novo rumo para o desenvolvimento no Brasil".[19]

1.5. Movimentos sociais em confronto com o Direito estabelecido, proclamado e reconhecido

Há uma permanente contradição dialética entre os Movimentos Sociais, de um lado, e o Direito estabelecido, proclamado e reconhecido, de outro.

---

[18] Idem, ibidem.

[19] Fórum Nacional pela Reforma Agrária e Justiça no Campo. Campanha pela Emenda Constitucional que estabelece um limite máximo à propriedade da terra no Brasil. Colhido da internet no *site*: www.google.com.br, procurando "Emenda Constitucional que estabelece um limite máximo à propriedade da terra no Brasil".

Os Movimentos Sociais tendem a buscar a construção de uma realidade que está sempre além da realidade posta. Se a realidade posta contentasse a percepção do que é justo e bom, quer por parte do conjunto da sociedade, quer por parte de seus elementos integradores, não haveria razão de luta e, conseqüentemente, não haveria "movimento social". O que anima e dá razão de ser aos "movimentos sociais" é justamente a divergência entre o "mundo posto" e um "projeto de mundo".

O *mundo como posto* é garantido e legitimado pela ordem jurídica imperante. O *projeto de mundo*, em oposição ao *mundo posto*, confronta-se com a ordem jurídica que legitima o *mundo como posto*.

Foi a reflexão sobre essa contradição dialética, foi a vivência dessa contradição dialética que nos levou a escrever o livro "Direito e Utopia". Esse livro aponta para o sonho da construção de um novo Direito. Mas não um sonho impossível, "muito pelo contrário, um sonho realizável pela luta do povo, especialmente dos oprimidos e de seus aliados, com destaque, nesta aliança, para os juristas comprometidos com a edificação de um Direito libertador".[20]

E ainda nesse livro desenhamos os contornos da utopia do novo Direito:

"No Direito, um papel decisivo está reservado ao pensamento utópico.

É a utopia que dá luzes para ver e julgar o Direito vigente na sociedade em que vivemos e para estigmatizá-lo como um Direito que apenas desempenha o papel de regulamentar a opressão.

É a utopia que dá instrumentos para ver e construir, pela luta, o Direito do amanhã: o Direito da igual-

---

[20] João Baptista Herkenhoff. *Direito e Utopia*. 4ª ed. Porto Alegre, Livraria do Advogado Editora, 2001, p. 11 e seguintes.

Movimentos Sociais e Direito

dade; o Direito das maiorias, aquele que beneficiará quem produz, o Direito dos que hoje são oprimidos; o Direito que proscreverá a exploração do homem pelo homem, o Direito fraterno e não o Direito do lobo".[21]

Antônio Carlos Wolkmer examinou muito bem, em face da realidade brasileira, o abismo entre a demanda coletiva de direitos e a estrutura jurídico-judiciária:

"Ressalte-se a falência de um modelo jurídico-estatal que, através de seu ordenamento positivo (...) e de seu órgão jurisdicional de decisão (...), está limitado tão-somente a regulamentar conflitos interindividuais/patrimoniais e não sociais de massa, ou seja, não consegue garantir uma correta regulamentação de tensões coletivas que abrangem o acesso à terra (invasão de terras públicas e privadas improdutivas) e o conseqüente processo de ocupação de áreas rurais e urbanas".[22]

José Geraldo de Sousa Júnior, em livro publicado em 2002, mostra como a análise sociológica é capaz de surpreender justamente esse desatendimento do Direito estabelecido ao clamor de Direito que provém dos grupos sociais carentes de Direito:

"A análise sociológica pôde precisar que a emergência do sujeito coletivo opera num processo pelo qual a carência social é percebida como negação de um direito que provoca uma luta para conquistá-lo".[23]

---

[21] Idem, ibidem.

[22] Antônio Carlos Wolkmer. *Pluralismo Jurídico*. São Paulo, Editora Alfa-Ômega, 2001, p. 105.

[23] José Geraldo de Sousa Júnior. *Sociologia Jurídica: Condições Sociais e Possibilidades Teóricas*. Porto Alegre, Sergio Antonio Fabris Editor, 2002, p. 59 e 60.

1.6. Movimentos sociais criando direitos

Os movimentos sociais não se submetem aos padrões do Direito estabelecido. Sobretudo em sociedades, como a brasileira, onde milhões de pessoas estão à margem de qualquer direito, num estado de permanente negação da Cidadania, os movimentos sociais estão sempre a "criar direitos" à face de uma realidade sociopolítica surda aos apelos de direito e dignidade humana.

É o confronto dos movimentos sociais com a ordem social cristalizada. Novamente Antônio Carlos Wolkmer nos socorre com uma observação precisa:

"Quando se examinam atentamente as sociedades centralizadoras e dependentes do Capitalismo periférico, (...) percebe-se ampla gama de conflitos coletivos, muitos dos quais originados por reivindicações que refletem, basicamente, carências materiais e necessidades por direitos essenciais".[24]

Os movimentos sociais, na busca mais profunda e última de afirmação da essência da pessoa humana, criam a verdadeira ordem, que não é a ordem imposta, a ordem excludente.

A ordem que, dentro da comunidade nacional, exclui milhões de pessoas não é ordem, mas desordem.

Ordem não é permanecerem as coisas onde sempre estiveram, como se a sociedade fosse estática. Ordem não é a cena do navio negreiro que o baiano Castro Alves imortalizou:[25]

"Era um sonho dantesco... o tombadilho
Que das luzernas avermelha o brilho
Em sangue a se banhar.

---

[24] Antônio Carlos Wolkmer. *Pluralismo Jurídico*. São Paulo, Editora Alfa-Ômega, 2001, p. 105.

[25] A citação dos versos de Castro Alves ganhou especial significação no cenário da Bahia, onde foi feita a palestra que serve de base a este texto.

Movimentos Sociais e Direito

Tinir de ferros... estalar de açoite...
Legiões de homens negros como a noite,
Horrendos a dançar...

Negras mulheres, suspendendo às tetas
Magras crianças, cujas bocas pretas
Rega o sangue das mães:
Outras moças, mas nuas e espantadas,
No turbilhão de espectros arrastadas,
Em ânsia e mágoa vãs!

Presa nos elos de uma só cadeia,
A multidão faminta cambaleia,
E chora e dança ali!
Um de raiva delira, outro enlouquece,
Outro, que martírios embrutece,
Cantando, geme e ri!

No entanto o capitão manda a manobra,
E após fitando o céu que se desdobra,
Tão puro sobre o mar,
Diz do fumo entre os densos nevoeiros:
"Vibrai rijo o chicote, marinheiros!
Fazei-os mais dançar!..."[26]

Diante dessa desordem, que então se intitulava
ordem, a indignação do poeta:

"Senhor Deus dos desgraçados!
Dizei-me vós, Senhor Deus,
Se eu deliro... ou se é verdade
Tanto horror perante os céus?!...
Ó mar, por que não apagas
Co'a esponja de tuas vagas
Do teu manto este borrão?
Astros! Noites! Tempestades!
Rolai das imensidades!
Varrei os mares, tufão!..."[27]

---

[26] Castro Alves. *Obras completas*. Rio de Janeiro, José Aguilar, 1960, passim.

[27] Idem, ibidem.

E essa indignação chega ao extremo da ira santa quando o Poeta da Liberdade constata que toda aquela brutal opressão era praticada sob a chancela da bandeira de sua Pátria:

"Existe um povo que a bandeira empresta
pra cobrir tanta infâmia e cobardia!...
E deixa-a transformar-se nessa festa
Em manto impuro de bacante fria!...
Meu Deus! meu Deus! mas que bandeira é esta,
Que impudente na gávea tripudia?
Silêncio, Musa... chora, e chora tanto
Que o pavilhão se lave no teu pranto!...

Auriverde perdão de minha terra,
Que a brisa do Brasil beija e balança,
Estandarte que a luz do sol encerra
As promessas divinas da esperança...
Tu que, da liberdade após a guerra,
Foste hasteado dos heróis na lança
Antes te houvessem roto na batalha,
Que servires a um povo de mortalha!...".[28]

Ordem é estarem coisas e pessoas no lugar que lhes destina a razão humana, a partir da concepção de que todos, sem uma única exceção, têm direito de *ser gente.*

Quando a ordem social, em vez de ser ordem é desordem, os movimentos sociais repõem a ordem essencial, rebelando-se contra a desordem imposta e lutando pela ordem na sua conceituação ontológica.

O Movimento dos Trabalhadores sem Terra, cuja trajetória já examinamos, lutando para "criar direitos", está a *criar ordem* em nosso país.

Estão a criar direitos todos os que praticam a "desobediência civil", por fidelidade à vocação suprema do ser humano.

---

[28] Idem, ibidem.

Movimentos Sociais e Direito

Estão a criar direitos os que, pela luta coletiva, criam "situações de fato" que obrigam os detentores do poder a ceder anéis, para não perder os dedos.

1.7. Posição dos juristas em face da demanda de direitos proveniente dos movimentos sociais: exame da questão, no Brasil contemporâneo

Podemos distinguir três posições adotadas por juristas diante da demanda de direitos originária dos movimentos sociais: uma posição de recusa de atendimento; outra posição de acolhida; e uma terceira posição intermediária de acolhimento sob condição.

A orientação mais comum nos tribunais brasileiros é a da insensibilidade em face dos pleitos dos movimentos sociais. Entretanto, segundo nossa observação, esse alheamento, no correr do tempo, vem tendendo a perder a absoluta hegemonia de que desfrutava outrora.

A propósito, é expressivo o resultado a que chegaram Luiz Wernneck Vianna e outros, a respeito de serem os magistrados favoráveis a um padrão de intervenção mais vigoroso da magistratura na vida pública. Em *Corpo e alma da magistratura brasileira* registra-se que 93,3% dos respondentes opinam no sentido da ampliação dessa intervenção.[29]

O livro *Corpo e alma da magistratura brasileira* foi publicado em 1997. Vinte anos antes, ou seja, em 1977, publicamos *A Função Judiciária no Interior*. A comparação entre nossa pesquisa de 1977 e esta de 1997 permite verificar que o rosto da magistratura sofreu mudança nesse lapso de tempo.

Em 1977, constatamos que entre o valor "ordem" e o valor "progresso", 68,4% dos magistrados entrevistados optavam pela "ordem", enquanto apenas 13,2% privilegia-

---

[29] Luiz Wernneck Vianna *et al. Corpo e alma da magistratura brasileira*. Rio de Janeiro: Revan, 1997, p. 300-303.

vam o progresso. Uma parcela de 13,2% dos respondentes afirmava que ordem e progresso são inseparáveis.[30] Na mesma pesquisa apuramos que apenas 7,9% dos juízes julgavam freqüentemente contra a jurisprudência dominante. A grande maioria (76,3%) declarava raramente julgar contra a jurisprudência dominante, enquanto 15,8% dos magistrados nunca julgavam contra a jurisprudência dominante.[31]

Ora, uma magistratura que coloca a ordem acima do progresso e que se rende à jurisprudência dominante, ou seja, à hierarquia judiciária, abdicando do seu papel de renovar a jurisprudência, não estaria coerente com um projeto de alargamento da intervenção dos juízes na vida pública.

Não há identidade de variáveis em nossa pesquisa e na pesquisa de Luiz Wernneck Vianna e outros. Entretanto, parece que penetrando na substância das questões pesquisadas conclui-se que a magistratura avançou em termos de atuação social e menor conservadorismo.

Antônio Carlos Wolkmer diagnostica muito bem as razões que levam os tribunais a um distanciamento, quando se vêem às voltas com litígios coletivos:

"O aparelho jurisdicional e a composição de seus agentes (advogados, promotores e juízes), formados no bojo de uma cultura jurídica formalista, dogmática e liberal-individualista, não conseguem acompanhar inteiramente as complexas condições de mudanças das estruturas societárias, as freqüentes demandas por direitos gerados por necessidades humanas fundamentais e a emergência de novos tipos de conflitos de massa".[32]

---

[30] João Baptista Herkenhoff. *A Função Judiciária no Interior*. São Paulo, Editora Resenha Universitária, 1977, p. 240.

[31] Idem, p. 241.

[32] Antônio Carlos Wolkmer. *Pluralismo Jurídico*. São Paulo, Editora Alfa-Ômega, 2001, p. 104 e seguinte.

Movimentos Sociais e Direito

Também a parcela de juristas que, na sua atuação cotidiana, é capaz de atentar para a voz dos movimentos sociais, merece do mesmo Antônio Carlos Wolkmer este comentário: "A crítica jurídica prática é realizada, fundamentalmente, no espaço institucional dos tribunais e na atuação jurisdicional, sendo exercida por operadores jurídicos profissionais, compostos por reduzidos mas crescentes segmentos da magistratura e por atuantes advogados militantes, identificados com as reivindicações dos grupos populares menos favorecidos da sociedade".[33]

Da terceira posição a que nos referimos, de recepção condicional dos pleitos dos movimentos sociais, dá idéia esta passagem do Procurador de Justiça Mauri Valentim Riciott, extraída de sua monografia *O Ministério Público e os Movimentos Sociais*:

> "Quer-nos parecer que o Ministério Público deva estabelecer contato e estreitar relacionamento com aqueles movimentos sociais organizados, desde que perfeitamente identificados seus representantes, bem como os objetivos do grupo. E, estes objetivos devem traduzir, de forma clara e insofismável, a luta por um direito consolidado em lei – um movimento de resistência e defesa desse direito – e que este se constitua num interesse efetivo de um grupo, uma coletividade ou sociedade em geral, dentre aqueles em que o Ministério Público está legitimado a promover sua defesa.
>
> Por outro lado, se for imprescindível sua atuação, e houver, neste caso, a disputa por um direito entre dois grupos, vale dizer, dois 'movimentos' se digladiando por ele, por força de uma interpretação teleológica dos princípios do Ministério Público encartados na Constituição Federal, a escolha deve

---

[33] Antônio Carlos Wolkmer. *Introdução ao Pensamento Jurídico Crítico*. São Paulo, Editora Saraiva, 2002, p. 137.

recair sobre aquele que congregue a parcela considerada mais excluída da população, ou que for considerada hipossuficiente".[34]

A ressalva "direito consolidado em lei", colocada por Mauri Valentim Riciott, reduz significativamente o elenco de pleitos que deveriam ser recepcionados pelo Ministério Público. Freqüentemente, o que os "movimentos sociais" querem é justamente o reconhecimento de direitos que a lei ainda não consagrou, mas que poderá consagrar, por força da luta popular, como tantas vezes vimos na História.

Outra condição de legitimidade colocada por Mauri Valentim Riciott é que se trate de "movimentos sociais organizados, com representantes identificados e objetivos estabelecidos". Esta condição, para uma corrente de estudiosos, é essencial para que se esteja na presença de um "movimento social". A essa exigência de organização e objetivos refere-se Hugo Cavalcanti Melo Filho quando se refere a movimentos sociais que traduzam "mobilizações fundadas em estrutura cristalizada e projeto específico de transformação da sociedade".[35]

1.8. Posição dos juristas em face da demanda de direitos proveniente dos movimentos sociais: um depoimento pessoal

Suponho que os ilustres organizadores deste conclave não me tenham convidado para aqui falar, apenas citando autores e livros, mas me mantendo distante, pessoal e emocionalmente, do tema desta intervenção.

---

[34] Procurador de Justiça Mauri Valentim Riciott. "O Ministério Público e os Movimentos Sociais". Monografia extraída da internet, no site www.google.com.br, procurando "Movimentos Sociais".

[35] "Novos movimentos sociais e o Associativismo dos Juízes", de Hugo Cavalcanti Melo Filho, Juiz Titular da 2a. Vara do Trabalho de Paulista, TRT da 6a. Região e Presidente na ANAMATRA, por ocasião da divulgação do texto pela internet. Colhi através do site www.google.com.br, procurando o tema "movimentos sociais".

Movimentos Sociais e Direito

Os organizadores deste conclave convocam para comparecer neste plenário um juiz aposentado, com 66 anos de idade, desprovido de poder, para que apresente ao auditório suas mãos e sua vida.

Posso repetir os versos de Thiago de Mello:

"Pois aqui está a minha vida,
Pronta para ser usada.
Vida que não se guarda
nem se esquiva, assustada.
Vida sempre a serviço
da vida".[36]

Ou os versos de Geir Campos, poeta brasileiro nascido no meu Estado do Espírito Santo:

"Operário do canto, me apresento
Sem marca ou cicatriz, limpas as mãos,
minha alma limpa, a face descoberta,
aberto o peito, e – expresso documento –
a palavra conforme o pensamento".[37]

Que querem os senhores?

Sou apenas um homem, que cometeu erros e acertos na vida.

Que querem os senhores?

Sou apenas alguém que sempre buscou, com retidão, ser fiel aos votos da juventude.

Que querem os senhores?

Sim, percebo. Advogados, requereram o depoimento pessoal do palestrante.

E é este depoimento pessoal que lhes trago, na altura desta fala. Justamente um depoimento pessoal sobre o tema desta intervenção "O Direito e os movimentos sociais".

---

[36] Thiago de Mello. *Faz escuro mas eu canto*. Rio de Janeiro, Civilização Brasileira, 1978.

[37] Geir Campos. *Operário do Canto*. Rio de Janeiro, Antunes & Cia., 1959.

Dois ângulos no depoimento:
- como o juiz, nos seus despachos e sentenças, tratou os movimentos sociais;
- como o juiz, magistrado em atividade, participou de movimentos sociais.

Para definir nosso posicionamento, como magistrado, em face dos movimentos sociais, creio que um ato judicial praticado em Vila Velha, no Espírito Santo, ilustra e comprova nosso entendimento e nossa ação.

Em 22 de junho de 1977, ao assumir a Vara Cível de Vila Velha, baixei portaria:

Primeiro – determinando o recolhimento de todos os mandados expedidos em ações possessórias e outras que implicassem o desalojamento de famílias;

Segundo – determinando que em todos os casos de reintegração de posse e outros, nos quais a decisão judicial resultasse em remoção de famílias, que habitassem casas ou barracos, fosse o fato levado ao conhecimento do Secretário de Trabalho e Promoção Social, para ser solucionado em nível de Governo.

A portaria foi publicada no Diário da Justiça de 24 de junho de 1977 e noticiada pelos jornais de Vitória.[38]

Apesar do clima de repressão que vigorava no país, as classes populares, premidas pela necessidade de sobreviver, organizaram, com apoio de Igrejas cristãs, a "Comissão de Direito à Moradia", um dos mais belos movimentos sociais que vigorosamente atuaram no Espírito Santo.

A "Comissão de Direito à Moradia" enfrentou o problema da terra urbana. De um lado, estavam os moradores, que eram chamados de "invasores". Pretendiam um pedaço de chão para nele erguer um barraco. De outro lado, estavam poderosos proprietários de ter-

---

[38] Cf. Diário da Justiça, do Estado do Espírito Santo, edição de 24 de junho de 1977. Cf. A Gazeta, de Vitória, edição de 23 de junho de 1977.

Movimentos Sociais e Direito

ras, que mantinham ociosos imensos espaços urbanos, na periferia de Vitória.

Na portaria referida, acudi o grito de desespero das centenas de famílias ameaçadas com despejos coletivos. A voz política e jurídica dessas famílias tinha como veículo a "Comissão de Direito à Moradia".

Fundamentei o ato judicial especialmente no artigo 25 da Declaração Universal dos Direitos Humanos, expressamente referido na portaria, artigo esse que consagra o "direito à habitação".

Se havia um choque entre o "direito de propriedade", sacramentado por um título público mas exercido de forma anti-social, e o "direito à habitação", que é um direito de sobrevivência como pessoa humana, evidentemente o direito mais importante a ser chancelado pela Justiça era o "direito à habitação".

Não podia o juiz determinar que as famílias fossem despejadas. O Estado tinha que providenciar o que devido fosse para que o sagrado "direito à habitação" fosse resguardado.

É esta a síntese do caso. É este o exemplo mais expressivo de minha atuação como juiz, atento à voz dos "movimentos sociais".

A segunda parte do depoimento refere-se a nossa própria imersão, como juiz, em "movimentos sociais".

Na época em que os fatos aqui relembrados ocorreram, vigorava a idéia de que o juiz devia manter-se longe dos "movimentos sociais". O comprometimento com esses "movimentos sociais" contrariaria a postura de neutralidade que se esperava do magistrado.

Jamais concordei com essa visão. Do juiz não se cassara a cidadania.

Curiosamente não se via nenhum comprometimento quando os juízes freqüentavam as rodas sociais e apareciam, ao lado de pessoas poderosas, com copos de bebida na mão. Esse procedimento era tão natural que os flagrantes eram divulgados pelas colunas sociais.

Suspeito, porém, e antiético era o juiz que se "envolvia" com movimentos sociais.

Até concordo que nenhuma censura merece o juiz que compareça a festas ou recepções oferecidas por pessoa de destaque na vida social. Afinal, o juiz é um membro da comunidade.

O que me parece absurda é a diferença de ótica:
- a freqüência à mesa dos ricos não compromete a neutralidade do juiz;
- a freqüência às trincheiras de luta dos pobres, às tribunas dos "movimentos sociais" que clamam por mudanças na estrutura política ou econômica, isto compromete a neutralidade do juiz.

Fui um dos fundadores e o primeiro presidente da Comissão "Justiça e Paz" da Arquidiocese de Vitória. Fui militante do Comitê Brasileiro pela Anistia. Discursei muitas vezes no Colégio do Carmo e na Catedral de Vitória, em reuniões promovidas por "movimentos sociais". A Catedral e o Colégio do Carmo eram dos poucos espaços razoavelmente respeitados, no período da ditadura, porque pertenciam à Igreja Católica. Não obstante, uma bomba que tinha o chamado "efeito moral" explodiu no recinto do Colégio do Carmo, durante reunião de movimento social, a que eu estava presente.

Pelo meu "envolvimento" com a *Comissão "Justiça e Paz"* respondi a processo e pela integração ao Comitê Brasileiro pela Anistia fui censurado. Não tenho qualquer mágoa desses episódios, que compreendo – foram fruto de uma época. Se os registro, nesta palestra, eu o faço em homenagem aos jovens, para que valorizem a Democracia e a Liberdade que pela luta conquistamos. Tenham também, meus jovens, orgulho de serem membros da OAB, pois a OAB é um dos mais gloriosos movimentos sociais do Brasil.

Movimentos Sociais e Direito

1.9. O jurista na escuta dos movimentos sociais

Como juristas, creio que temos de estar sempre à escuta dos movimentos sociais.

Não nos cabe apenas ouvir o pedido de Justiça individualmente postulado. Temos de ter antenas para ouvir os gritos coletivos.

Um aprofundamento nos estudos da Hermenêutica dará ao jurista instrumentos para operar o Direito, de modo a ampliar suas fronteiras e permitir que possamos ouvir os apelos de Justiça dos movimentos sociais.

Esta nova visão de jurista deve começar nas Faculdades de Direito. Ao estudo acomodado e conservador opor a visão crítica, o Direito comprometido com a transformação social.

Que belo testemunho nos dá o Profeta, quando diz no Livro do Êxodo: "Eu ouvi os clamores do meu Povo".[39]

Sejamos, meus amigos, como o Profeta. Sejamos Profetas. Saibamos identificar o traço de profecia que alimenta a vida, a missão, os sonhos do advogado e do jurista.

Eu ouvi os clamores do meu Povo, eu não fechei meu ouvido ao sussurro do oprimido que pede Justiça, eu não fechei meus olhos diante da lágrima que rola e que suplica a reverência da atenção.

Eu ouvi os clamores do meu povo, estive atento ao grito das multidões que pedem Justiça.

Eu ouvi os clamores do meu povo, tive alma livre para radiografar no sorriso da criança um código que traduz a esperança no futuro.

Eu ouvi os clamores do meu Povo e sei que só a luta coletiva, a Fé partilhada, permitirá fazer, finalmente, do Brasil uma Pátria de Justiça.

---

[39] Bíblia Sagrada. Edição Pastoral. Tradução, introduções e notas de Ivo Storniolo e Euclides Martins Balancin. São Paulo, Edições Paulinas, 1990. Livro do Êxodo, capítulo 3, versículo 7.

Não me deterá o medo, o apego ao conforto, o comodismo de idéias ou vínculo de qualquer espécie com os que se opõem à construção de estruturas humanas para assegurar dignidade a todos os brasileiros. Eu entrego minha vida, minha inteligência, meu ideal às opções que fiz.

Nada me deterá porque, com todas as forças do entendimento, com todas as energias da vontade, com toda a generosidade do coração, "eu ouvi os clamores do meu Povo".

2. Humanização do ensino jurídico

Neste capítulo, discutimos a questão da humanização do ensino jurídico visando à humanização do próprio Direito e do labor dos que se dedicam à seara jurídica.

Procuramos desenvolver uma linha de raciocínio em defesa da idéia de que o Direito deve ser humanizado porque o Direito deve servir à pessoa humana e à convivência entre os seres humanos. A humanização do Direito impõe a humanização do ensino jurídico. Isto porque são as Faculdades de Direito as formadoras dos juristas que se espera venham a firmar um compromisso de vida e de trabalho com o projeto humanizador do Direito.

2.1. O que seria a humanização do ensino jurídico?

O que se entenderia por humanização do ensino jurídico?

O que seria esse ensino jurídico humanizado?

O que seria o ensino jurídico orientado em sentido diverso desse ensino jurídico humanizado?

Ensino jurídico humanizado seria o ensino jurídico endereçado a formar pessoas e profissionais que pudessem ter do Direito uma concepção que coloque o ser humano – homem ou mulher – como centro, referencial, fim e justificativa do próprio Direito.

Notar que falamos "formar pessoas e profissionais". Uma visão humanística de ensino jurídico não

Movimentos Sociais e Direito

veria, como missão desse ensino, formar apenas profissionais. Um ensino jurídico humanizado está atento a sua vocação de formar pessoas, antes mesmo de formar profissionais.

2.2. Perspectiva antropocêntrica

O posicionamento de colocar o ser humano como centro, referencial, fim e justificativa do Direito tem uma base filosófica que antecede e suplanta o domínio meramente jurídico.

Para entender dessa forma o sentido do Direito, terei de assumir uma perspectiva antropocêntrica para ver e interpretar o mundo das coisas e o mundo dos seres humanos. O Humanismo há de penetrar nos domínios lógico e ético. No domínio lógico, a perspectiva humanista nos orienta a definir a verdade ou a falsidade de qualquer conhecimento em razão de sua fecundidade e eficácia relativamente à ação humana. No plano ético, o horizonte da busca deve ser o conjunto das exigências concretas, psicológicas, históricas, econômicas e sociais que condicionam a vida humana.

2.3. O toque do Humanismo no Direito

O toque do Humanismo no Direito fará do ser humano o destinatário maior da ordem jurídica, não o destinatário único, se por essa unicidade de destinatário fôssemos entender o descompromisso com a natureza e com as gerações futuras. Uma visão humanista do Direito coere com uma visão ecológica do Direito. Uma visão humanista do Direito não se cinge ao homem de hoje, mas vislumbra também o homem de amanhã, na sucessão das gerações.

Também o Humanismo não abstrai, mas, pelo contrário, pressupõe a idéia de Deus. Humanismo tanto mais humano quanto mais reverencia, na profundidade do ser, a substância espiritual. Humanismo a que se filiaram, dentre muitos outros, o francês Jacques Maritain, tão lido por minha geração e tão esquecido hoje, e o brasileiro Henrique de Lima Vaz, recentemente falecido. Foi esse Humanismo que marcou minha formação e tem embasado meu trabalho.

2.4. Humanismo jurídico

Trazendo toda esta reflexão para o campo do Direito, a opção pelo Humanismo Jurídico colocará como tábua de referência do labor legislativo ou hermenêutico a permanente preocupação de fecundar o Direito para que sirva ao melhor convívio humano. Um jurista-humanista nunca divagará pelos caminhos da perfeição dos silogismos, não se encantará com a geometria das formas jurídicas, não se perderá na abstração das doutrinas divorciadas da vida, das lutas e dos sofrimentos de cada dia. Estará sempre atento às solicitações concretas, existenciais que presidem a nossa curta passagem por este mundo.

2.5. Ensino jurídico alimentado por uma concepção humanística

Só um ensino jurídico alimentado por uma concepção humanística será apto a formar juristas-humanistas.

Imaginando duas hipóteses meramente teóricas, porém úteis à explicação da tese que defendemos.

Um ensino jurídico que realizasse, em plenitude, sua tarefa de formar pessoas, e ficasse só nisso, falharia, não realizaria os propósitos de uma Faculdade de Direito, mas, de qualquer maneira, mesmo nessa hipótese extrema, teria formado pessoas. Não seria inútil, porque formou pessoas, mas absolutamente incompleto porque deixou de lado uma função que é essencial às escolas de Direito.

O ensino jurídico que forme profissionais, mas que abdique do papel de formar pessoas, será um ensino,

Movimentos Sociais e Direito

não diria incompleto, mas vazio. Deixa de lado sua principal função. Cria um profissional que, à luz dos princípios da perspectiva filosófica que estamos defendendo, não é um profissional mas um ser lamentavelmente dissociado, desintegrado por uma educação falseada nos seus fundamentos.

2.6. Profissionais competentes marcados por uma educação humanizadora

A partir dessas colocações, haveremos de concluir que o ensino jurídico deve formar profissionais competentes, aptos a realizar os ofícios que lhes cabem, mas profissionais marcados por uma educação humanizadora, por uma visão humanista do Direito.

Sem prejuízo do zelo pela formação profissional e técnica, a humanização do ensino jurídico terá como missão inarredável formar juristas que tenham uma visão humanista do Direito.

Dentro dessa orientação, o Direito não estará submetido à técnica. A técnica será vista como meio, jamais como fim.

Na perspectiva de uma visão humanizada do Direito, terão atenção especial no currículo disciplinas como Introdução ao Direito, Filosofia, Filosofia do Direito, Ética, Sociologia, Antropologia. Lamentavelmente, hoje, essas disciplinas costumam ficar num segundo plano.

Em nossa carreira de professor e escritor, temos estimulado os jovens para que privilegiem nos estudos as matérias destinadas a formar o arcabouço mental e ideológico do jurista, como já foi colocado na apresentação deste livro.

2.7. A visão humanística não pode ser uma opção sentimental

A visão humanística exige todo um conteúdo de pensamento, metodologia, fundamentação científica, de modo a não ruir em face de uma argumentação pretensamente científica que pretenda escoimar do Direito qualquer traço de humanismo. A visão humanística não pode ser, em razão disso, uma escolha sentimental.

Será preciso que estejamos prevenidos de artimanhas que nos podem envolver, como esta a respeito da qual nos adverte Luiz Guilherme Marinoni:

"A idéia de uma teoria apartada do ser levou ao mais lamentável erro que um saber pode conter.
(...) Todo saber, quando cristalizado através de signos, afasta-se de sua causa. O pensar o direito (...) tornou-se um pensar pelo próprio pensar. Um pensar distante da causa que levou ao cogito do direito.
O pensar qualquer ramo do direito deve ser o pensar o direito que serve para o homem".[40]

2.8. Se servi à humanização do Direito...

A fim de produzir esta reflexão, lancei um olhar retrospectivo sobre o conjunto de nossa modesta obra.

Não que essa modesta obra mereça o olhar retrospectivo de alguém que fosse escrever sobre Humanização do Ensino Jurídico.

Entretanto, merece o meu olhar porque o meu olhar é um exame de consciência, um balanço, um chequemate que imponho a mim mesmo indagando se tenho alguma coisa a dizer, nesta matéria.

Em síntese: tenho servido, nesta vida, à humanização do ensino jurídico, à causa de humanização do Direito?

Se tenho servido, legitimidade invoco, para tratar deste tema tão grave.

Se não servi e não tenho servido, embora tenha sido juiz, embora tenha sido professor da Universidade Fede-

---

[40] Luiz Guilherme Marinoni. *Novas linhas do Processo Civil*. São Paulo, Revista dos Tribunais, 1993, passim.

ral do Espírito Santo, embora continue professor visitante e itinerante, embora tenha escrito vários livros, se com todas essas oportunidades de testemunhar valores, se não servi à obra de humanização do ensino jurídico e do Direito, nada tenho a dizer ou a colocar.

Mas creio que, dentro de minhas limitações, tenho servido à humanização do ensino jurídico e do ofício jurídico.

A humanização do ensino jurídico e do Direito, de muito tempo, ocupa nossa atenção. Em razão disso, suponho ter o direito de falar, sobretudo o direito de falar às jovens gerações que sempre acorrem, com interesse, a cada livro que publicamos, a cada palestra que proferimos. Se diante de quem quer que seja não devemos falsear o pensamento, diante de jovens, com multiplicada razão, jamais podemos falsear ou atraiçoar convicções.

2.9. Na universidade

Na Universidade Federal do Espírito Santo, fui durante longos anos professor de Introdução ao Direito. Nesse papel, desenvolvi um esforço permanente para levar aos jovens uma perspectiva humanizada do Direito. Tenho a alegria de verificar os frutos desse trabalho nas opções existenciais e profissionais de muitos ex-alunos. Segundo o próprio testemunho de antigos discípulos, o ex-professor lhes assinalou veredas a seguir. Vejo, sem vaidade mas com alegria, as marcas deixadas em muitos alunos que seguiram a Magistratura, escolheram o Ministério Público ou se dedicaram à Advocacia.

2.10. Como Professor Visitante e Professor Itinerante

Como Professor Visitante de várias Universidades e Faculdades, como Professor Itinerante pelos caminhos do Brasil e do mundo, tenho procurado ser fiel aos mesmos propósitos que constituíram nosso compromisso docente na Universidade Federal do Espírito Santo.

Por onde passamos, ali onde temos oportunidade de deixar nossa palavra hoje – procuramos manter coerência com o propósito de defesa de uma concepção do Direito fundada na pessoa humana.

Depois de ter dedicado toda uma vida profissional à magistratura, essa experiência também nos socorre no magistério. Isto porque temos a oportunidade, não apenas de sufragar idéias numa linha de humanização do Direito, mas temos também a oportunidade de trazer a cotejo, perante os interlocutores, a própria maneira como nos desincumbimos da função de Juiz de Direito.

2.11. No exercício da Magistratura

Como juiz, tentamos ser um magistrado preocupado em ouvir as dores e angústias humanas.

Desenvolvemos essa labuta de humanizar o Direito, quer no juízo criminal, quer no juízo cível.

Esse propósito de humanizar o Direito, como Juiz, teve uma trajetória biográfica. Ou seja, não foi num átimo que nos definimos como um juiz que buscaria sempre humanizar seus despachos e sentenças. Essa percepção do Direito e do ofício de Juiz foi fruto de uma caminhada.

Com o passar do tempo, nós nos tornarmos cada vez menos um juiz legalista, preso ao formalismo e à interpretação literal ou apenas lógica e sistemática da lei. Pelo contrário, nós nos tornamos cada vez mais um juiz que buscava o Direito "apesar da lei". Ou seja, cada vez mais estive à procura da superação do textual e do formal; cada vez mais me entreguei à paixão de encontrar, atrás da letra o espírito, atrás da aparência a essência, atrás dos grilhões da lei que escraviza os vôos do Direito que liberta.

Movimentos Sociais e Direito

Apenas a título de exemplificar esse devotamento à decifração do Direito, tantas vezes encoberto pelas tábuas da lei, vou citar dois casos judiciais que ilustram o que estou tentando explicar.

O primeiro caso foi a libertação de uma empregada doméstica, que estava presa porque furtara do seu patrão o dinheiro necessário para comprar uma passagem de trem, de Vitória à vizinha cidade mineira de Governador Valadares.

O despacho teve o seguinte teor: "Considerando o pequeno valor do furto;

- considerando o minúsculo prejuízo sofrido pela vítima que, a rigor, se o Cristo não tivesse passado inutilmente por esta Terra, em vez de procurar a Polícia por causa de 150 cruzeiros,[41] teria facilitado a ida da acusada para Governador Valadares, ainda mais que a acusada havia revelado sua inadaptação a esta cidade, certamente inadaptação maior ao próprio lar, por causa do padrasto;

- considerando que a acusada é quase uma menor, pois mal transpôs o limite cronológico da irresponsabilidade penal;

- considerando que o Estado processa uma empregada doméstica que lesa seu patrão em 150 cruzeiros, mas não processa os patrões que lesam seus empregados, que lhes negam salário, que lhes furtam os mais sagrados direitos;

- considerando que o cárcere é fator criminogênico e que não se pode tolerar que autores de pequenos delitos sejam encarcerados para, nessa universidade do crime, adquirir, aí sim, intensa periculosidade social;

---

[41] Para compreender o que representavam 150 cruzeiros, na época, deve ser esclarecido que era a exata importância necessária para comprar a passagem de trem que permitiria à acusada fazer o trajeto de ida, de Vitória com destino a Governador Valadares.

RELAXO a prisão de Neuza F., determinando que saia deste Palácio da Justiça em liberdade.

Lamento que a Justiça não esteja equipada para que o caso fosse entregue a uma assistente social que acompanhasse esta moça e a ajudasse a retomar o curso de sua jovem vida. Se assistente social não tenho, tenho o verbo e acredito no poder do verbo porque o Verbo se fez carne e habitou entre nós. Invoco o poder deste verbo, dirijo a Deus este verbo e peço ao Cristo, que está presente nesta sala, por Neuza F. Que sua lágrima, derramada nesta audiência, como a lágrima de Madalena, seja recolhida pelo Nazareno".[42]

O segundo caso refere-se à concessão do benefício da "suspensão condicional da pena", em favor de um jardineiro, julgado pelo Tribunal do Júri de Vitória. A sentença que proferi, após a decisão dos jurados, foi a seguinte:

"Atendendo a que o Júri, por 5 votos a 2, negou a tentativa de homicídio, desclassificando, conseqüentemente, o crime para lesões corporais;
- atendendo a que, desclassificada a infração para outra atribuída à competência do juiz singular, ao presidente do Tribunal do Júri cabe proferir, em seguida, a sentença;
- atendendo a que, pelos laudos, as lesões corporais foram leves;
- atendendo a que a personalidade e antecedentes do réu, homem voltado para o trabalho, dão a este Juízo a confiança de que não voltará a delinqüir;
- atendendo a que, lamentavelmente, nosso regime carcerário é sumamente precário e, longe de curar, a prisão, normalmente, tem sido, entre nós, fator

---

[42] Despacho dado em audiência, no dia 25 de março de 1976, no processo n. 3.721, da 3a. Vara Criminal de Vitória. Publicado pelo jornal "A Gazeta", de Vitória, na edição de 26 de março de 1976.

Movimentos Sociais e Direito

criminogênico, como proclamado pelos especialistas;

- atendendo a que o instituto da suspensão condicional da pena é altamente pedagógico;

- atendendo a que deve o réu voltar para os jardins desta cidade, como jardineiro que é, a fim de cuidar das flores e tornar menos agreste a paisagem urbana, contribuindo, com seu trabalho, inclusive para proporcionar jardins mais belos a nossas crianças;

JULGO procedente, em parte, a denúncia para condenar, como de fato condeno, o réu Lourivaldo K., a 3 meses de detenção, como incurso no art. 129 do Código Penal, com aumento de 15 dias, em face do art. 51, parágrafo único, do mesmo Código, num total de 3 meses e 15 dias de detenção.

Concedo-lhe, com base no art. 57 e incisos do Código de Processo Penal, a suspensão condicional da pena, pelo prazo de 2 anos, mediante as seguintes condições:

a) apresentar-se perante este Juízo, de três em três meses;

b) dedicar-se ao seu trabalho, à bela ocupação de jardineiro, velando com carinho, pela vida vegetal, e compreendendo que, se esta é reflexo da divindade, muito mais reflexo da divindade é a vida e a integridade do nosso irmão;

c) cuidar de sua família;

d) pagar as custas do processo, dentro do prazo de 30 dias.[43]

Dou esta por publicada em plenário e por intimadas as partes.

Expeça-se incontinenti o alvará de soltura.

Registre-se e comunique-se."[44]

---

[43] A requerimento do réu, o prazo para pagamento das custas foi ampliado, em despacho posterior. Ver os autos do processo.

[44] Sentença proferida em 5 de setembro de 1975, na Sala das Sessões do Tribunal do Júri da Comarca da Capital (Vitória, ES).

2.12. Como escritor

Como autor de livros de Direito, tenho procurado, através da reflexão e da pesquisa, fundamentos teóricos que embasem uma visão humanística do Direito.

Esse esforço de justificação teórica para humanizar o ofício de jurista, para lançar luzes de humanismo sobre todo o edifício jurídico tem acompanhado nossas lidas na escrita – posso dizer – de todos os livros. Creio que alguns pontos, colhidos aqui e ali, resumem as idéias que temos procurado afirmar e defender. Antes de qualquer coisa, um referencial básico. Estarmos advertidos para um elenco de valores que devem estar presentes em nosso espírito para, a partir desses valores, construirmos nossa visão do Direito. Tudo que se oponha a esses valores, a meu ver, merece ser apodado de antijurídico.

Apóia-me nesta compreensão do que se entende por jurídico, dentre outros doutrinadores, Roberto Piragibe da Fonseca quando distinguiu, com precisão, o extralegal e o antijurídico:

"uma solução extralegal pode ser antijurídica e pode não ser. Será, quando a lei vigente coincide com o bem comum, mas não será quando tal coincidência não se verifica. Neste último caso, é ser vítima do *fetichismo da lei* supor que não existe nuança entre submissão à lei, de um lado, e um despotismo aluidor de direitos, de outro lado, porque, na realidade, entre uma coisa e outra, situa-se uma imperiosa ordem metajurídica. Momento há em que no apelo paradoxal a uma solução extralegal, pode residir a melhor e mais eficiente defesa da ordem jurídica".[45]

---

[45] Roberto Piragibe da Fonseca. *Introdução ao Estudo do Direito*. Rio de Janeiro, Freitas Bastos, 1975, passim.

Movimentos Sociais e Direito

49

Na situação atual do Brasil, os valores que, a seguir, relacionamos têm amparo constitucional. Assim, qualquer lei ou ato jurídico que se oponha a esses valores, ainda que formalmente perfeitos, são inconstitucionais. Mas mesmo que não tivessem amparo constitucional, ou em qualquer país e época histórica onde não tenham tido ou venham a ter acolhimento constitucional ou legal, cabe ao jurista, pela ética do seu ofício, lutar por esses valores e protestar contra o seu não-reconhecimento.

Nenhuma lei, nenhum ato de autoridade, nenhuma decisão de tribunal, nenhum país com todos os seus exércitos pode afrontar estes valores. Estes valores constituem a substância do Direito, informam todos os seus ramos, desde o Direito Penal ao Direito do Trabalho, desde o Direito Comercial ao Direito Tributário, desde o Direito Internacional Público ao Direito Marítimo, desde o Direito Processual Civil ao Direito Eleitoral. Fora desses valores não há Direito, mas negação do Direito, ainda que garantido pela força. Fora desses valores, não há Civilização, mas opressão.

São valores que constituem alicerce do Direito, dentre outros:

a) o respeito à dignidade de todos os seres humanos, sem exceção;

b) o sentido de igualdade de todas as pessoas e a recusa aos privilégios;

c) a proscrição de todos os preconceitos e exclusões e de todas as marginalizações sociais;

d) o repúdio à tortura, em qualquer situação;

e) o direito de todos à proteção da lei;

f) a defesa da vida e a idéia de que todos têm direito à vida, em sua plenitude;

g) a liberdade de consciência, crença, expressão do pensamento, difusão de idéias;

h) o direito à privacidade;

i) os direitos das mais diversas minorias;

j) a primazia do trabalho, como fator criador da riqueza, e o sentido de Justiça, na sua maior amplitude;

k) o direito dos povos a relações de Justiça, com eliminação de todas as formas de exploração, dominação ou opressão.

Explicitados assim, esses valores parecem tranqüilos e quase unanimemente aceitos. O difícil é aplicá-los e acolhê-los em todas as situações, sem permissão de qualquer ressalva excludente, por mais sutis que sejam as formas através das quais as ressalvas se apresentem.

2.13. O papel das Faculdades de Direito no atual momento histórico

Existe um papel de presença atuante, a ser cumprido por uma Faculdade de Direito no atual momento de crise pelo qual passa o Brasil, crise que é, de uma parte, problema nosso; de outra parte, reflexo de uma crise mundial.

Que nossas Faculdades de Direito sejam uma trincheira de debate e vida democrática, cultivando elas próprias, na sua organização, uma democracia interna, através das relações alunos-professores-direção. Que essas relações nunca sejam de autoritarismo, de cassação do direito de reclamar, inclusive reclamar coletivamente.

Que nossas Faculdades estejam abertas para as pelejas que a sociedade brasileira tem de enfrentar, no sentido de criar maior Justiça Social, de reduzir o abismo que hoje existe entre os que têm tudo e os que nada têm.

Que nossas Faculdades estejam do lado das mudanças de estrutura que o país requer, para democratizar o acesso à terra, para integrar à Pátria comum os que estão marginalizados.

Que nossas Faculdades sejam defensoras e promotoras da Ética. Que mereçam o repúdio de nossa indignação, para que respondam por seus crimes perante a Justiça, todos aqueles que traíram ou venham a trair

Movimentos Sociais e Direito

mandatos eletivos para servir-se de cargos públicos, buscando o enriquecimento pessoal. É imperioso que nos contraponhamos aos que zombam da consciência digna, aos que tripudiam sobre os honestos, aos que comandam o crime organizado, estribados na impunidade que sempre alcançaram, impunidade que parece estar chegando ao fim pela luta indormida de alguns e pela força da opinião pública.

2.14. Síntese do desafio humanizador que se coloca à frente do jurista

Retomemos nossa visão do desafio humanizador que se coloca à frente de todo jurista, desafio a respeito do qual temos tratado nos livros, nas palestras, nas aulas.

O ofício jurídico não se pode desligar do ser humano e fundar-se em abstrações. Só será possível o "encontro" com a pessoa humana se nos libertarmos daquilo que o psicanalista Marcelo Blaya Perez chama de "memória cativa das leis".

Comunicação verdadeiramente humana, pré-requisito do "encontro"... Encontro, mergulho na alma das pessoas... Juristas, vocacionados para o mergulho, vocacionados para o encontro...

No escritório, a sós com o cliente, este abre sua alma ao advogado. Relata segredos que a ninguém relatou. Confia. Deposita na alma e na consciência do outro seus direitos, suas preocupações, seus temores, sua vida...

No gabinete do juiz, o juiz e o jurisdicionado... Este não pede apenas Justiça. Não são apenas pleitos, demandas, requerimentos que chegam àquele gabinete. Lágrimas, dores, esperanças, apelo de ser ouvido... É uma relação sacrossanta.

O magistrado que se enclausura numa atitude excessivamente técnica fechará caminho para qualquer aproximação com ele. Não vê qualquer razão para ouvir as partes, pois só reconhece existência legal aos autos. "O que não está nos autos não está no mundo" foi o que aprendi erradamente na Faculdade, mas não culpo os professores. Era o dogma reinante, hoje, felizmente, contestado. O pedido de Justiça brota do mais profundo da alma.

O apelo de ser escutado, além de um atributo inerente à condição humana, é também um direito de cidadania, como muito bem colocado por Clémerson Merlin Clève.[46]

A humanização da Justiça exige a apropriação e o entendimento do universo de direitos de que as pessoas são portadoras. Freqüentemente, o que o cidadão comum, alheio às complicadas engrenagens das leis, quer saber é se tem ou não direito, em face de uma situação concreta. Não deseja, em princípio, litígio. Busca apenas orientação e conselho. Por este motivo, foi sábia a Constituição Federal de 1988 quando determinou que cabe à Defensoria Pública proporcionar orientação jurídica, ao lado de seu dignificante papel de defesa dos necessitados. (Artigo 134)

Vejo como providência que humaniza a Justiça colocar os juízes perto dos litigantes, no ambiente deles, no bairro, na favela, onde quer que o cidadão demande a prestação jurisdicional.

Se o habitante da periferia tem de subir escadas de mármore, para alcançar suntuosas salas, em palácios ainda mais suntuosos, para pleitear e discutir direitos, essa peregrinação leva a uma ruptura do referencial de espaço, que é referencial de cultura, referencial de existência.

Agrava-se o constrangimento imposto ao cidadão, se juízos ou tribunais praticam o desrespeito de exigir

---

[46] Clémerson Merlin Clève. *O Direito e os direitos*. São Paulo, Editora Acadêmica, 1988, passim.

Movimentos Sociais e Direito

determinado vestuário ou calçado para comparecer à Justiça.

Tive oportunidade de dar um testemunho público neste sentido quando exercia a judicatura. Numa das varas de Vila Velha, no Espírito Santo, um operário mandou indagar, pelo porteiro dos auditórios, se trajando um macacão, e ainda mais, sujo de graxa, podia falar com o juiz. Mandei que entrasse e disse, em voz alta, o que me pareceu ser uma lição de cidadania que, como juiz, não poderia omitir.

"O senhor mandou perguntar se podia entrar nesta sala, vestido com um macacão sujo de graxa. Eu não digo apenas que o senhor pode, mas digo que o senhor honra este Fórum com sua presença, vestido com um macacão sujo da graxa do seu trabalho".

O humanismo, na seara jurídica, não depende só de Leis e de Códigos.

Depende também dos operadores da Justiça.

Depende das partes, dos cidadãos em geral, que devem crescer na consciência de sua dignidade e de seus direitos.

Depende de uma mudança de concepção do próprio sentido do Direito que, na sua integralidade, na sua globalidade, na sua transcendência deve servir à pessoa humana.

Depende de uma *cultura da solidariedade,* que leve as pessoas a pugnar, em conjunto, por seus direitos.

Depende de uma *cultura do humanismo,* que coloque os seres humanos acima das engrenagens, dos instrumentos de mediação, de tudo que é apenas circunstancial.

Depende da mudança de costumes e hábitos vigentes na vida judiciária, ainda viciada pelo formalismo, pela pompa sem sentido, pela vaidade, pelo mistério que esconde quando devia revelar.

A humanização da Justiça, da linguagem das partes, do próprio ambiente judiciário é uma empreitada para todos nós.

2.15. Direito a serviço da pessoa humana

Afirme-se, para finalizar este capítulo, como postulados que devem, a meu ver, dar balizas ao Direito, à Ciência do Direito e à conduta dos profissionais do Direito:

- que o Direito sirva à pessoa humana, à dignidade da pessoa humana; que outra valia terá, se isto não fizer?

- que nós, juristas, emprestemos nossa colaboração e a força de nossa liderança à obra de construção de uma sociedade mais justa; não estaremos de mãos vazias se falharmos neste propósito?

- que o Direito pelo qual lutamos, que o Direito a que servimos, que o Direito ao qual juramos fidelidade nos esponsais da juventude, contribua para o resgate do humanismo, nesta época que inverte valores, que exige certificado de consumidor, não apenas daqueles que penetram nos *shopping center*, mas de todos que desejem ter reconhecida sua condição de seres humanos;

- que apesar de todas as forças contrárias, que apesar de todos os desalentos possíveis, que apesar da dificuldade de resistir, que apesar de nos sentirmos às vezes um rato à face do leão, que apesar de tudo...

- a crença nos dê suprimento,

- a união de propósitos nos dê coragem,

- as vitórias parciais de cada dia nos assegurem que o futuro chegará.

Movimentos Sociais e Direito

3. Instituição da Justiça Agrária como avanço democrático

Este ensaio pretende demonstrar que a criação, no Brasil, de uma Justiça especializada para as questões agrárias constitui providência útil ao aperfeiçoamento dos serviços pertinentes ao Poder Judiciário.

Tenciona-se provar que a iniciativa é uma exigência da própria "Declaração Universal dos Direitos Humanos", uma vez que esse documento proclama, no artigo VIII:

> "Todo homem tem direito a receber dos tribunais nacionais competentes remédio efetivo para os atos que violem os direitos fundamentais que lhe sejam reconhecidos pela Constituição ou pela lei".

Conforme será demonstrado, a estrutura judiciária vigente não assegura ao rurícola remédio efetivo para os atos violadores dos seus direitos. Deixando de instituir a Justiça Agrária especializada, a Constituição Federal previu juízes agrários, sem dar, porém, à providência a orientação adequada.

Escopo deste texto é ainda propor algumas idéias para a organização da Justiça Agrária em nosso País.

3.1. Advertência preliminar

Não se objetiva analisar aqui a estrutura agrária imperante no Brasil, nem fixar critérios para a conseqüente reforma. A linha de idéias cinge-se ao tema proposto.

Tem o autor consciência de que a simples criação de uma Justiça especializada para as questões agrárias não constitui, por si só, instrumento hábil para a implantação da justiça social no campo.

Discorda, porém, da afirmação de que esse instrumento, como outros, seria apenas um paliativo ou, numa linha mais radical, de que a Justiça Agrária, como a Justiça em geral, integra, pura e simplesmente, as estruturas de dominação de classe.

Dentro dessa linha, também a Justiça do Trabalho estaria posta para obstar as conseqüências resultantes das contradições do capitalismo, servindo, portanto, ao próprio capitalismo, e retardando os ideais de libertação do homem.

Não me parece provável que a fermentação das injustiças conduzisse a Nação a um processo de substituição de sistemas, a uma linha de evolução histórica, na qual o preço fosse o sacrifício cruento de várias gerações, e o produto acabado, uma sociedade justa.

Creio que o Direito possa ser agente de transformação social. Subscrevo, a respeito, a opinião de Antônio Luís Machado Neto:

"Embora socialmente realizado como objeto cultural, o Direito se apresente, inicialmente, a uma primeira abordagem teórica, como realidade estática, conservadora do atual *status quo*, do atual sistema de relações culturais e sociais, seu papel na mecânica ou fisiologia da cultura não é exatamente coincidente com essa sua primeira aparência estática".[47]

---

[47] Cf. Machado Neto, Antônio Luís. *Sociologia Jurídica*. São Paulo, Saraiva, 1973, 2ª ed., p. 158 e seg.

Prossegue o mesmo autor, no mesmo local: "Se o seu caráter fático do Direito vivido e realizado aqui e agora (fato) é o de um instrumento de conservação, o mesmo ocorrendo com seu aspecto normativo (norma), enquanto norma positivada pela legislação vigente, nessa mesma faceta norma-

Outra não é a posição de T. B. Bottomore:

"A lei pode ter uma influência independente sobre o comportamento social, pelo menos no sentido de que estabelece, realmente, numa sociedade, atitudes e condutas que eram inicialmente as de uma pequena minoria de reformadores".[48]

Creio que a instituição da Justiça Agrária, como ramo especializado do Poder Judiciário, facilitará o acesso do camponês, no seu clamor de Justiça, às vias judiciais. A prestação jurisdicional remediará abusos e contribuirá para dar ao homem do campo a consciência de sua condição, pressuposto de qualquer transformação social.

3.2. As condições de trabalho no campo e o acesso ao Judiciário

3.2.1. As condições de trabalho no campo

No Brasil, o campo conserva ainda formas feudais de exploração do trabalho, sobretudo nas zonas de monocultura (cana-de-açúcar, criação extensiva de gado, café, cacau, banana).

O rurícola, seja empregado, seja meeiro, geralmente mora em condições subumanas, alimenta-se mal, é analfabeto, tem verminose, depende inteiramente do fazendeiro e não tem qualquer perspectiva de acesso à propriedade ou a melhores condições de vida.

---

tiva, como reforma das instituições (política judiciária), como legislação revolucionária, como interpretação *praeter* e *contra legem*, assim como interpretação sociológica da lei, no seu caráter valorativo (valor), sempre que envolva uma valoração negativa do direito positivo e faça apelo à utopia (no sentido de Karl Mannheim) de um Direito novo e mais justo, o Direito é um fenômeno cultural inovador em vária medida".

[48] Bottomore, T. B. *Introdução à Sociologia*. Rio de Janeiro, Zahar, 1965, p. 207. E prossegue este autor, na mesma passagem: "Assim, na União Soviética, o Direito estabeleceu modelos de comportamento que eram, a princípio, aspirações de um pequeno grupo de revolucionários. Na Europa ocidental, as variedades de Estados do bem-estar social democráticos foram criadas pela legislação sistemática, guiada pelas doutrinas dos reformadores sociais".

Movimentos Sociais e Direito

Celso Furtado analisa, em sintética, porém magnífica perspectiva histórica, as relações de trabalho vigorantes no campo:

"O acesso à propriedade da terra, desde a época colonial, foi apanágio de uma minoria, e a massa rural tem sido sempre constituída de trabalhadores, isto é, de pessoas que estão ligadas ao proprietário da terra por um vínculo de emprego ou dependência. (...) O sistema de meação ou terça, que em outras partes do mundo foi o ponto de partida para formação de uma classe de camponeses, isto é, de agricultores independentes organizados em unidades familiares, ainda que trabalhando em terra alheia, entre nós se assimilou a uma forma de trabalho assalariado. O meeiro, financiado pelo proprietário e vendendo-lhe a sua parte da produção *na folha,* é tão dependente do proprietário quanto um assalariado, cabendo-lhe ademais os riscos que envolvem toda produção agrícola, particularmente nas regiões de clima irregular, como é o caso de nosso Nordeste".[49]

Lamentavelmente, o trabalho agrícola escravo invade a realidade brasileira do Terceiro Milênio.

Na Justiça do Trabalho da 8ª Região, sentença do Juiz Jorge Antônio Ramos Vieira, lavrada em 9 de outubro de 2002, na Vara do Trabalho de Parauapebas, no Estado do Pará (processo n. 1354/2002), dá bem os contornos do trabalho escravo, que consiste "na arregimentação de mão de obra através dos chamados 'gatos', que nada mais são do que capatazes que se colocam à disposição (dos fazendeiros) para ludibriar, enganar e até coagir os trabalhadores, no sentido de fornecer mão de obra barata, visando lucros imediatos para si e para o tomador".[50]

---

[49] Furtado, Celso. *Um Projeto para o Brasil.* 3ª ed. Rio de Janeiro, Saga, 1968, p. 59 e seg.

[50] Colhido na internet, procurando "trabalho escravo" no buscador "Google".

Segundo denunciou a Comissão Pastoral da Terra (CPT), por ocasião da reunião da Comissão Especial de Combate ao Trabalho Escravo (18 de setembro de 2002), somente no Pará, de 1º de janeiro até 17 de setembro de 2002 (em 8 meses e meio, portanto), a CPT já tinha registro de denúncias de trabalho escravo em 75 fazendas envolvendo 3.119 trabalhadores (contra 1.350 para todo o ano de 2001).[51]

A Carta de Porto Alegre, que resultou do 2º Fórum Social Mundial (2002), dentre outras resoluções, cobrou do governo "medidas concretas e urgentes para coibir a prática do trabalho escravo, degradante e análogo à escravidão, repudiando a atitude do governo brasileiro de reduzir as ações de repressão à exploração de trabalho humano sob o argumento de que lhe faltam recursos".[52]

A Ordem dos Advogados do Brasil (OAB) tem manifestado reiterada preocupação com a persistência do trabalho escravo no país.

Na 18ª Conferência Nacional dos Advogados do Brasil, que se realizou em Salvador, Bahia (setembro de 2002), e da qual participei, conforme registrado no primeiro capítulo deste livro, dentre os 32 painéis, um foi dedicado ao trabalho escravo. Deste painel participou inclusive o Ministro Francisco Fausto, presidente do Tribunal Superior do Trabalho.

Além disso, o Conselho Federal da OAB esteve sempre presente, com atuação marcante, no Fórum Nacional contra a Violência no Campo.

Se de um lado a persistência abusiva da escravização do trabalhador rural nos horroriza, de outro lado nos anima observar que cresceu bastante, na opinião pública, a consciência da injustiça e da brutalidade da exploração do ser humano, como se fosse objeto.

---

[51] Idem, ibidem.

[52] Idem, ibidem.

Movimentos Sociais e Direito

Numa época em que as comunicações cortam os hemisférios, é incrível constatar, no Brasil, a atualidade do *São Bernardo*, de Graciliano Ramos.

No trecho que transcrevo, a seguir, do monólogo de Paulo Honório, personagem principal do livro, proprietário da fazenda São Bernardo, vê-se a caracterização da relação de trabalho como relação de dominação pessoal, ainda existente no campo:

"Ali pelos cafus desci as escadas, bastante satisfeito. Apesar de ser indivíduo medianamente impressionável, convenci-me de que este mundo não é tão mau. Quinze metros acima do solo, experimentamos a vaga sensação de ter crescido quinze metros. E quando, assim agigantados, vemos rebanhos numerosos a nossos pés, plantações estirando-se por terras largas, tudo nosso, e avistamos a fumaça que se eleva de casas nossas, onde vive gente que nos teme, respeita e talvez até nos ame, porque depende de nós, uma grande serenidade nos envolve".[53]

Nesta monografia sobre a instituição da "Justiça Agrária", começo pelo exame da situação do trabalhador rural porque, a meu ver, na competência para conciliar e julgar os dissídios individuais ou coletivos, entre empregados e empregadores rurais, e outras controvérsias oriundas da relação de trabalho (arrendamento, parceria, empreitada), está a razão maior justificadora da especialização de um tal ramo do Poder Judiciário.

3.2.2. O acesso ao Judiciário

Até o advento do Estatuto do Trabalhador Rural (Lei n° 4.214, de 2 de março de 1963) o camponês tinha limitadíssimos direitos assegurados pela legislação, uma vez que a Consolidação das Leis do Trabalho, no seu art. 7°, letra "b", os excluía de sua proteção.

---

[53] Ramos, Graciliano. *São Bernardo*. São Paulo, Martins, 1974, 22ª ed., p. 189.

O Estatuto do Trabalhador Rural foi, por isso, recebido com largo aplauso por setores múltiplos da opinião pública.

O art. 2º, como foi redigido, provocou divergência de interpretação:

"Trabalhador rural para os efeitos desta lei é toda pessoa física que presta serviços a empregador rural, em propriedade rural ou prédio rústico, mediante salário pago em dinheiro ou *'in natura'*, ou parte *'in natura'* e parte em dinheiro".

A jurisprudência refletiu a incerteza do texto.

Alguns acórdãos entenderam que tinha ocorrido apenas uma falha de redação, na lei, e que só estava amparado pelo Estatuto o trabalhador rural que, a exemplo do trabalhador urbano, reunisse todas as condições exigidas pelo art. 3º da CLT para a configuração da relação de emprego.

Outros, numa linha oposta, viram no art. 2º do E.T.R. a proteção a todo camponês, fosse empregado, fosse meeiro, tivesse não importa que características o contrato celebrado entre o dono da terra e o camponês.

Numa linha intermediária fixou-se a jurisprudência dominante, entendendo de amparar com o art. 2º do E.T.R. não apenas o trabalhador-empregado, mas o trabalhador rural em geral, naquelas hipóteses em que a empreitada, o arrendamento, a parceria mascaravam relação de emprego – ou seja, relação subordinada – mantida por homens que, de seu, tinham apenas a roupa do corpo, como destacado por acórdão de larga repercussão na época.[54]

O objetivo deste estudo, segundo explicitado, restringe-se ao tema que lhe dá título. Não se pretende discutir se a legislação em vigor protege, convenientemente, o camponês, nem se pretende discutir a própria

---

[54] Cf. repertórios de jurisprudência como, por exemplo, os Boletins "Adcoas", anos de 1963 e 1964.

justiça das formas de relação contratual consagradas pela lei.

Deseja-se provar que o acesso à via judicial, pelo rurícola, para buscar a prestação jurisdicional, é precário, motivo pelo qual a instituição da Justiça Agrária especializada é um avanço democrático.

3.3. Forças sociais e criação do Direito

A respeito da criação do Direito, afirma Georges Ripert:

"O texto (da lei) é, por vezes, precedido de uma exposição de motivos. Esta é estabelecida com certa arte apologética. A lei é apresentada como uma medida necessária, imposta pela economia e pelos costumes, aceita por antecipação pela opinião pública. Os verdadeiros motivos da regra, os interesses que ela satisfaz, as paixões que inspira, a resistência que suscitou, a luta que foi preciso sustentar, tudo isto é cuidadosamente ocultado sob alguns parágrafos que lhe elogiam a justiça e a utilidade".

E prossegue o insigne doutrinador:

"Na verdade, a regra jurídica não foi editada senão porque uma força social lhe exigiu a existência, como força vitoriosa em face das que a tal se opunham, ou tirando proveito de sua indiferença. O legislador, posto no centro de tudo como um 'eco sonoro', ouve todas as vozes. Simples eco. Muitas vezes há discordância entre as vozes, mas há sempre uma mais possante que as outras; é esta que o decidirá a agir. O mais forte sai vencedor de um combate cujo prêmio é a lei. Após o que o jurista declara gravemente que a lei é a expressão da vontade geral. Ela não é nunca senão a expressão da vontade de alguns".[55]

---

[55] Ripert, Georges. A criação do Direito. In: A. L. Machado Neto & Zahidé Machado Neto, *O Direito e a vida social*. São Paulo, Editora Nacional e Universidade de São Paulo, 1966, p. 81.

3.4. Movimentos a favor da criação da Justiça Agrária

3.4.1. Trabalhos publicados

Rui Barbosa, que em tantos temas se antecipou ao seu tempo, advogou, como modelo de Justiça Agrária, "uma justiça chã e quase gratuita, à mão de cada colono, com um regime imburlável, improtelável, inchicanável. Toda a formalística, em pendência entre colono e patrão, importa em delonga, em incerteza, em prejuízo, em desalento".[56]

No direito positivo brasileiro, iniciativa pioneira teve o Estado de São Paulo que, em 10 de outubro de 1922, pela Lei 1.869, criou tribunais rurais.[57] Esses tribunais eram presididos pelos Juízes de Direito.

Joaquim Luís Osório, publicando, em 1937, o seu *Direito Rural*, preconizou a instituição de uma Justiça rural e de um processo rural.[58]

Nos últimos anos, diversos artigos, teses, conferências e monografias foram publicados, tratando do problema da "Justiça Agrária".[59]

Na nota de rodapé, arrolamos alguns desses trabalhos. Outros estão sendo referidos no correr deste ensaio.[60]

---

[56] Rui Barbosa. *Obras Completas*. Rio de Janeiro, Editora MEC, 1967, vol. XXXVI, t. 1, p. 83.

[57] Cf. Osório, Joaquim Luís. *Direito Rural*. Rio, José Konfino, 1948, 2ª ed., p. 34.

[58] Idem, ibidem.

[59] Em setembro de 1967, um Congresso de Direito Agrário promovido pela Faculdade de Direito de Cachoeiro de Itapemirim (ES), propugnava pela criação da Justiça Agrária. Era Diretor da Faculdade e foi a alma desse Congresso meu irmão Paulo Estellita Herkenhoff, hoje falecido. A iniciativa de promover um Congresso de Direito Agrário, naquele momento da vida brasileira (1967), numa cidade do interior (embora cidade de grande tradição cultural), mostra bem o idealismo que animava a plêiade de professores que tinha meu irmão como líder.

[60] a) Frey, Ivo. Direito Agrário e Justiça Rural. In: *Revista do Instituto Brasileiro de Direito Agrário*, ano I, nº 1, junho/julho de 1968, Rio, p. 93 e segs.

Movimentos Sociais e Direito

Esplêndido texto recente de Antônio Jurandir Pinoti merece destaque especial: "Juiz natural e Justiça Agrária".[61] A argumentação desse magistrado paulista, censurando a maneira como a Constituição Federal de 1988 estabeleceu os juízes agrários, veio a merecer a acolhida da Associação "Juízes para a Democracia". O posicionamento da AJD sobre a matéria, referido noutra parte deste ensaio, foi calcado nas idéias de Antônio Jurandir Pinoti.

3.4.2. Manifestações e posicionamentos da sociedade brasileira

O Partido Socialista Brasileiro incluiu no seu Programa de Governo, discutido e votado em Bauru, Estado

b) Alvarenga, Octavio Mello. Pela Criação da Justiça Agrária e Tribunais Agrários Especiais. In: *Revista do Instituto Brasileiro de Direito Agrário*, Rio, ano1, n° 1, junho/julho de 1968, p. 81 e segs.

c) Alvarenga, Octavio Mello. Tópico "Justiça Agrária Especializada", em "Análise e Dinâmica da Reforma Agrária Brasileira". Ver: *Revista da Ordem dos Advogados do Brasil*, Rio, ano III, vol. III n° 5, janeiro/abril de 1971, p. 102 e segs.

d) Alvarenga, Octavio Mello. Justiça Agrária e Realidade Brasileira. In: *Revista do Instituto dos Advogados Brasileiros*, Rio, ano VI, n° 27, janeiro de 1973, p. 89 e segs.

e) Alvarenga, Octavio Mello. Justiça Agrária – Considerações Estruturais, face à Realidade Brasileira. *Revista de Direito Agrário*, INCRA, n° 1, 2° trimestre de 1973.

f) Ribeiro, C. J. de Assis. Justiça Rural e Intervenção Estatal em Zonas de Conflito Rural. In: *Jurídica*, n° 91, p. 554 e segs., e n° 94, p. 417 e segs.

g) Maia, J. Motta. "A Reforma Agrária e a Justiça Rural". In: *Jurídica*, n° 91.

h) Maia, J. Motta. Reflexões sobre a conveniência e viabilidade da Justiça Rural especializada, in *Jurídica*, n° 104.

i) Leite, Edgard Teixeira. O Estatuto da Lavoura Canavieira, a Reforma Agrária e a Justiça Rural. In: *Jurídica*, n° 76.

j) Mignone, Carlos Ferdinando. As Relações de Trabalho no Campo e a Justiça do Trabalho. In: *Revista do Instituto Brasileiro de Direito Agrário*, Rio, ano 1, n° 1, junho/julho de 1968, p. 100 segs.

k) Vianna, Fernando Reis. Direito Agrário – Pressuposto para uma Justiça Especializada. In: *Revista de Direito Agrário*, INCRA, n° 1, 2° trimestre de 1973.

[61] Antônio Jurandir Pinoti. "Juiz natural e Justiça Agrária". In *Justiça e Democracia*, revista semestral de informação e debates, publicada pela Associação "Juízes para a Democracia". Número especial de lançamento. São Paulo, Editora Revista dos Tribunais, segundo semestre de 1995.

de São Paulo, em 1996, a instituição da Justiça Agrária itinerante.[62]

O mesmo compromisso com a instituição da Justiça Agrária itinerante integrou o programa das oposições (PT, PDT, PC do B e PSB), nas eleições presidenciais de 1998.

E nas eleições de 2002, que sufragaram Lula como Presidente, circulou, amplamente, no período pré-eleitoral, um documento denominado "13 Razões para votar em Lula". As 13 Razões aludem ao número 13, que foi o número do candidato na Justiça Eleitoral.

No elenco das medidas que seriam a décima primeira razão para optar pelo candidato, estava a criação de uma "Justiça agrária itinerante". Ou seja, não apenas a criação da Justiça Agrária, mas de uma Justiça Agrária itinerante, uma Justiça que vai ouvir as petições do povo, onde quer que o Direito esteja sendo esmagado.[63]

No espaço da academia, José Bezerra de Araújo defendeu, em novembro de 1994, tese de doutoramento no Instituto de Economia da UNICAMP, subordinada ao título "Modernização da Agricultura e Organização da Força de Trabalho no Semi-Árido da Bahia". Uma das conclusões do estudo recomenda a criação da Justiça Agrária especializada. No rodapé, aparecem a ementa da tese e outras informações.[64]

---

[62] Colhido da internet, através do buscador Google, procurando o verbete "Justiça Agrária".

[63] Vali-me da internet, através do buscador Google, procurando o verbete "Justiça Agrária", onde encontrei a íntegra do documento "13 Razões para votar em Lula".

[64] Tese de doutoramento "Modernização da Agricultura e Organização da Força de Trabalho no Semi-Árido da Bahia", defendida no Instituto de Economia da UNICAMP, em novembro de 1994. Pesquisador: José Bezerra de Araújo. Orientador: Prof. Dr. Carlos Alonso B. de Oliveira: Ementa: "Considerando a heterogeneidade da modernização da agricultura na Região do Irecê, foram selecionados padrões agrários de produção do espaço social com diferentes intensidades de uso de capital, para verificar as condições particulares de organização da força de trabalho, examinadas numa perspectiva histórico-estrutural. O trabalho recomenda liberdade ampla para sindicatos e outras organizações camponesas, pesquisa para melhor

Movimentos Sociais e Direito

O Movimento Nacional de Direitos Humanos (MNDH), em Encontro Nacional ocorrido em Olinda, Pernambuco (1986), tomou posição favorável à criação da Justiça Agrária.[65]

Da mesma forma, a Conferência Nacional dos Bispos do Brasil, em sua 25a Assembléia Geral (1987), manifestou-se pela criação dessa Justiça especializada. No documento final da Assembléia, ficou consignada a posição da CNBB a favor da implantação de uma justiça agrária que previna os conflitos ou agilize sua solução".[66]

3.5. Forças sociais retardando a proteção jurídica ao camponês

Mozart Victor Russomano, em magistral estudo, aponta as forças sociais que, através do tempo, na História do Direito Brasileiro, excluíram de proteção jurídica o trabalho realizado no campo.

É do autor citado esta sintética análise da questão:

"No tocante aos direitos trabalhistas do camponês, a legislação brasileira sofreu lenta evolução, embora, em países como o nosso, de industrialização incipiente, apenas em desenvolvimento, a maior parte da massa operária atue em atividades agrárias".

Diversos motivos determinaram a lentidão do processo de proteção jurídica ao trabalhador rural.

Em primeiro lugar, é preciso que se acentue a aparente simplicidade da relação de emprego rural,

---

conhecer a experiência de irrigação comunitária no combate à seca, justiça agrária especializada e reforma agrária inteiramente controlada pelos camponeses." (Colhido da internet através do buscador Google, procurando o verbete "Justiça Agrária".)

[65] Movimento Nacional de Direitos Humanos. *Manifesto de Olinda*. Olinda, 1986, reprodução mimeografada.

[66] Conferência Nacional dos Bispos do Brasil (CNBB). Documento final da 25a Assembléia Geral. Itaici, SP, 22 de abril a 1o de maio de1987. Colhido através da internet, no buscador Google, procurando "Justiça Agrária".

muito próxima da vida e dos fatos. Essas relações singelas, não raro, são difíceis de serem apanhadas, em sua plenitude, pelo legislador e nelas se cravam, muitas vezes, tradições seculares, hábitos variáveis no espaço, dificilmente removíveis pela interferência do legislador. Em segundo lugar, o problema do camponês, no Brasil, confirma o 'princípio da progressão racional', que faz com que o legislador trate de regular, antes de tudo, os problemas mais prementes. O clima de tensão entre as classes é que força o legislador trabalhista a fazer com que suas normas incidam nessa ou naquela área da economia nacional. E, na verdade, durante muito tempo, a vida econômica rural transcorreu, entre nós, em um regime patriarcal mais ou menos acentuado. Não existindo, no hinterland, a tensão permanente de um conflito de classes declarado, a regulamentação da relação de emprego rural foi sendo postergada.

Em terceiro lugar, indicamos, também, o papel desempenhado, nesse processo histórico, pelo poderio dos grupos econômicos brasileiros, que formaram, durante longos anos, verdadeiro dique de reacionarismo contra a proteção do camponês. Sendo o dono da terra, tradicionalmente, uma figura importante na política nacional, o peso de seus interesses, necessariamente, recaiu sobre o Congresso Nacional e foi outro elemento que contribuiu para o atraso da legislação brasileira, nesse ponto".[67]

Na avaliação do historiador José Murilo de Carvalho, coordenador do programa de pós-graduação em História Social da Universidade Federal do Rio de Janeiro (UFRJ), Ph.D. em História pela Universidade de Stanford (Estados Unidos) e membro do Conselho de Coordenação do "Viva Rio", "a criação de uma Justiça

---

[67] Russomano, Mozart Victor, *apud* Alvarenga, Octavio Mello Alvarenga. *Direito Agrário*. Rio, edição do Instituto dos Advogados Brasileiros, 1974, p. 139 e segs.

Agrária (...) não é tocada, porque não se pensa em enfrentar o lobby dos ruralistas".[68]

3.6. A penosa luta dos camponeses em busca de proteção jurídica

Os trabalhadores rurais foram, em bloco, excluídos da proteção da Consolidação das Leis do Trabalho, segundo expresso no art. 7º da legislação consolidada, como já mencionamos.

Numa época em que os trabalhadores urbanos, não só conquistaram o acolhimento legal de direitos, como organizados em sindicatos, lutavam pelos direitos legalmente proclamados, os trabalhadores rurais – em absoluta contradição com esse estágio histórico – eram órfãos de proteção.

Dentro desse quadro, como explicar que em 2 de março de 1963, tenha sido promulgado o Estatuto do Trabalhador Rural, através da Lei nº 4.214?

Mozart Victor Russomano, já citado, tenta apreender e compreender o que aconteceu. Muito expressiva esta passagem do referido autor:

"É preciso assinalar, primeiramente, a circunstância de que houve profunda transformação social e econômica na vida agrária brasileira. A própria evolução das técnicas da agricultura contribuiu nesse sentido. A mecanização da lavoura e os novos métodos da agricultura em geral, cada vez mais intensiva, criaram pontos de concentração operária, em diversas zonas do interior. Isso fez com que o problema da luta de classes chegasse ao fundo dos sertões e dos pampas. A despersonalização dos empregadores rurais, as grandes fazendas e granjas, organizadas sob forma de sociedades anônimas, impulsionaram o equacionamento – digamos assim

---

[68] Entrevista concedida por José Murilo de Carvalho à "Folha de São Paulo", publicada na edição de 26 de junho de 2000.

– da *industrialização* da agricultura, isto é, da aplicação à vida agrária de métodos peculiares à indústria manufatureira e transformativa. Estávamos, assim, a um passo da *proletarização* do camponês. O clima de tensão social chega, dessa maneira, ao hinterland. O legislador precisava começar a preocupar-se, ativamente, com a proteção do camponês, inclusive, dentro do papel histórico do Direito do Trabalho de amainar e, se possível, excluir o conflito entre empregados e empregadores. O reconhecimento da sindicalização rural e o estímulo dado inclusive pelo Governo da época, nesse sentido, foram os últimos retoques no grande quadro social do mundo agrário brasileiro".[69]

3.7. Um depoimento como Juiz

Era pelos idos de 1966. O Estatuto do Trabalhador Rural já estava em vigor há três anos. João Goulart já tinha sido deposto e uma das causas de sua deposição, segundo minha análise, foi justamente a promulgação do Estatuto do Trabalhador Rural.

Eu era Juiz de Direito em São José do Calçado, no sul do Espírito Santo. Como minha comarca não era alcançada pela jurisdição da Junta de Conciliação e Julgamento mais próxima (a de Cachoeiro de Itapemirim), eu detinha na Comarca, como Juiz de Direito da Justiça comum, a jurisdição trabalhista.

Um trabalhador rural ingressa perante meu Juízo com uma reclamação fundamentada no Estatuto do Trabalhador Rural.

A audiência é designada e o empregador é citado.

Para minha surpresa, na audiência, o empregador abandona inteiramente a discussão das rubricas cons-

---

[69] Russomano, Mozart Victor, *apud* Alvarenga, Octavio Mello Alvarenga. *Direito Agrário*. Rio, edição do Instituto dos Advogados Brasileiros, 1974, p. 139 e segs.

Movimentos Sociais e Direito

tantes da reclamação do empregado. Revoltado pelo fato de ter sido chamado a Juízo por um empregado, sua rebeldia cinge-se a um único ponto: por que o trabalhador rural, em vez de procurá-lo, para reclamar aquilo que pretendia, bateu nas portas da Justiça?

Traduzindo de outra forma o sentido de sua imensa estranheza: por que seu empregado, desconhecendo sua autoridade, saltou a "instância da fazenda", onde tudo era resolvido por ele, com justiça e até com magnanimidade, e foi procurar a "instância judicial"?

Esse episódio, que testemunhei e vivenciei, demonstra que havia mais que uma "questão jurídica" em jogo. Este caso e outros semelhantes, que ocorreram ou ocorrem em situações parecidas, merecem o olhar percuciente do cientista político, do antropólogo do Direito, do sociólogo do Direito e do historiador do Direito.

3.8. Discussão sobre o Poder Judiciário no atual momento brasileiro

Discute-se mais uma vez a estrutura judiciária do país.

Essa discussão tem sido recorrente.

De um lado, porque os grandes problemas que afetam a Justiça continuam de pé:

a) lentidão dos processos;

b) excesso de formalismo;

c) descompasso entre a organização da Justiça e as exigências de um tempo inteiramente novo, no Brasil;

d) flagrante desigualdade entre ricos e pobres em face dos tribunais (essa desigualdade, não só na Justiça mas em todas as instâncias da vida, é uma característica das sociedades capitalistas, que se agrava nos países do Hemisfério Sul; trata-se de uma desigualdade sempre indesejável, mas que se torna escandalosa e revoltante quando se faz presente nos espaços do Poder Judiciário).

De outro lado, diríamos que essa discussão será recorrente, ainda que problemas mais graves sejam solucionados porque sempre haverá, ou um abismo (como hoje), ou uma fresta, na melhor hipótese, entre a Justiça concreta e a Justiça desejada.

Há um clamor generalizado contra o emperramento da máquina judiciária. Esse clamor é, de certa forma, um fato positivo. Isto porque o emperramento da Justiça é secular. Novo, no Brasil, é o protesto da sociedade civil contra isto. Essa inconformidade da sociedade civil resulta do crescimento da consciência cidadã, que se vem observando a partir das duas últimas décadas do século passado, quando a força do povo retomou a rota democrática em nosso país.

3.9. Não se agravaram os problemas da Justiça: só é possível a denúncia em clima de liberdade

Não me parece que os problemas ligados à Justiça tenham sofrido agravamento nos últimos anos.

O que existe hoje, ao lado da maior consciência de cidadania a que nos referimos, é o clima de liberdade onde denunciar é preciso.

Na noite da ditadura, só as vozes proféticas apontaram as feridas.

Assim aconteceu, por exemplo, com a Ação Católica Operária, de Recife, num documento publicado em março de 1967. Na Arquidiocese de Olinda e Recife, entregue ao zelo pastoral do Bispo-Profeta Dom Hélder Câmara, os operários da Ação Católica denunciaram:

> "Onde mais se reflete toda a situação de injustiça e desrespeito de que sofrem os operários é na Justiça do Trabalho. Os processos avolumam-se aos milhares, arrastando-se no tempo, num prejuízo irrecuperável para os trabalhadores reclamantes. Existem Juntas de Conciliação com processos em tal quantidade que os últimos distribuídos terão de esperar

Movimentos Sociais e Direito

vários meses antes de serem julgados, apesar da boa vontade de alguns dos juízes (...) A situação é agravada pela omissão e quase total alheamento dos Sindicatos, cujos setores jurídicos, normalmente, não funcionam bem (...) Mas as deficiências sindicais não podem eximir a Justiça do Trabalho de todas as responsabilidades, pois a ela cabe zelar pelo respeito aos direitos dos mais fracos e desprotegidos, por ser essa a condição primeira da Justiça".

E arremata a Ação Católica Operária (ACO) com o que julga deva ser feito:

"Parece evidente a necessidade de flexibilizar mais a Justiça do Trabalho, aumentando-lhe a eficiência e as condições para decidir com retidão. É nela que os trabalhadores ainda confiam; é dela, em grande parte, que os trabalhadores dependem para afirmar seus direitos e garantir sua sobrevivência; é com ela que os trabalhadores contam para se defender da prepotência das estruturas em que vivem. Na medida em que funciona mal e lentamente, a Justiça do Trabalho transforma-se em aliada da injustiça, da perseguição, da exploração do homem – nega-se a si mesma".[70]

Observe-se que o reclamo não se dirige tanto aos magistrados, cujo zelo, pelo menos em princípio, é ressalvado, mas tem como endereço principal a máquina forense, por cuja organização o Governo é responsável. Note-se que o protesto é contra a Justiça do Trabalho (urbana), porque a Ação Católica Operária era e é constituída de trabalhadores urbanos.

---

[70] Manifesto da Ação Católica Operária, Secretariado Regional do Nordeste. Recife, março de 1967. In: *Revista Vozes*, ano 61, número 5, maio de 1967, p. 387 e segs.

3.10. Instituição da Justiça Agrária: tudo se ajusta para a vitória deste avanço democrático

As discussões amplas, que se vêem processando, sobre os caminhos da Justiça constituem momento adequado para cuidar da instituição da Justiça Agrária, como ramo especializado do Poder Judiciário.

Este momento brasileiro é sumamente propício porque, pela primeira vez na História do país, um operário ocupa o cargo de Presidente da República.

É também oportuno o momento porque, no Programa de Governo de Lula, enquanto candidato, foi prometida a criação da Justiça Agrária, conforme já referimos neste ensaio.

Na discussão sobre a implantação da Justiça Agrária, os atores mais importantes a serem ouvidos são os trabalhadores rurais, conforme muito bem colocou Sônia H. Novaes G. Moraes.[71]

Ainda a mesma Sônia H. Novaes G. Moraes lança uma advertência séria, mostrando que não basta criar a Justiça Agrária mas ver que tipo de Justiça Agrária será essa:

> "Somos favoráveis à implantação de uma Justiça Agrária se for verdadeiramente eficaz, desburocratizada e plenamente capacitada para julgar as peculiaridades das questões agrárias. Caso contrário, melhor não tê-la".[72]

Na mesma linha de desconfiança quanto à eficácia milagrosa da criação, por si mesma, da Justiça Agrária, coloca-se o magistrado Pedro Aurélio Rosa de Farias, num artigo em que discute os problemas da Justiça:

---

[71] Sônia H. Novaes G. Moraes. "Por uma Justiça Agrária Verdadeira". In: *Questionando a Justiça Agrária*. Rio de Janeiro, Apoio Jurídico Popular / FASE, 1986, p. 8.

[72] Idem, p. 9. Sônia H. Novaes G. Moraes é advogada e, na época em que seu texto foi publicado, era diretora da Associação Brasileira de Reforma Agrária (ABRA), conforme informação registrada no rodapé de seu artigo.

Movimentos Sociais e Direito

"a cada crise procura-se a solução na criação pura e simples de algum outro tribunal, ou de outra Justiça especializada, como se isso fosse o suficiente para a solução da crise da Justiça."[73]

3.11. Juízes agrários: uma solução emergencial?

O art. 126 da Constituição de 1988 estatuiu:

"Para dirimir conflitos fundiários, o Tribunal de Justiça designará juízes de entrância especial, com competência exclusiva para questões agrárias".

Ismael Marinho Falcão, em bem fundamentado artigo, não aprovou a idéia porque, ao contrário da simples instituição de várias agrárias especializadas, pensa que "o Poder Judiciário se ressente de uma Justiça Agrária que venha atender às necessidades de solução das tensões sociais no campo."

Esse advogado, jornalista e professor do Estado da Paraíba considera inadequado o caminho escolhido pelo constituinte de 1988 porque não há "no seio dos operadores do Direito, especializações que levem os profissionais a se aprimorarem no estudo do Direito Agrário a fim de, conscientizados para os pormenores desse novo ramo da Ciência do Direito, bem solucionarem as questões que lhe forem postas."

Para agravar o desacerto da solução adotada, Ismael Marinho Falcão aponta para a insensibilidade dos juízes, "quase sempre recrutados dentre jovens bacharéis recém saídos dos bancos universitários, sem qualquer preparo para os embates da vida, sem prática forense, sem conhecimento do dia-a-dia do exercício profissional, sem uma reciclagem obrigatória para que se mantenham permanentemente atualizados, e que vão,

---

[73] Pedro Aurélio Rosa de Farias. *Justiça Agrária*. Correio Braziliense, suplemento "Justiça", agosto de 1996. Na época da publicação, o autor do artigo era Desembargador do Tribunal de Justiça do Distrito Federal e Territórios.

como deuses-todo-poderosos, cheios de empáfia e mandonismo, deitar interpretação e dizer o direito, direito que conhecem superficialmente porque não o vivenciaram".[74]

Também Vítor Barbosa Lenza, um magistrado goiano progressista, opôs-se à direção que a Constituição Federal de 1988 adotou:

> "A solução encontrada por nossos constituintes não foi a melhor nem a mais acertada, para se equacionar um problema tão grave e relevante como a justiça do campo.
>
> Transferiram-se aos tribunais estaduais a organização e a manutenção de uma justiça que sabemos é (deve ser) da competência federal. Por outro lado, além de ser uma justiça especializada, a sua montagem não é fácil e muito dispendiosa, porque o magistrado agrário deverá ter um apoio técnico de pessoal com habilitação específica em perícias e cálculos, e deverá dispor de força policial adequada para que tenha a necessária tranquilidade para entregar e fazer cumprir a prestação jurisdicional".[75]

A Associação "Juízes para a Democracia", sediada em São Paulo e com filiados em todo o Brasil, censurou a forma como os juízes agrários foram concebidos pela Constituição de 1988.

Segundo o art. 126:

> "Para dirimir conflitos fundiários, o Tribunal de Justiça designará juízes de entrância especial, com competência exclusiva para questões agrárias."

---

[74] Ismael Marinho Falcão é advogado e jornalista, além de professor de Direito no Centro Universitário de João Pessoa. Extraí seu texto "Justiça Agrária com Urgência" da internet procurando, no buscador Google, o verbete "Justiça Agrária".

[75] Vítor Barbosa Lenza. *Juizados Agrários*. Goiânia, AB Editora, 1995, p. 41.

Movimentos Sociais e Direito

A Associação Juízes para a Democracia entende que outra deveria ter sido a redação do artigo:

"Para dirimir conflitos fundiários, o Tribunal de Justiça proporá a criação de varas especializadas, classificadas em entrância especial, com competência exclusiva para questões agrárias."

A AJD arrola as seguintes razões para opor-se aos juízes agrários, na forma como foram desenhados pelo artigo 126 da Constituição:

"Dentre os princípios fundamentais da jurisdição destaca-se o princípio do juiz natural, que é somente aquele integrado no Poder Judiciário, com todas as garantias pessoais e funcionais previstas na Constituição. (...) Um juiz designado para dirimir determinadas questões agrárias pode não ser designado para dirimir outras na mesma região ou comarca. Vale dizer, as partes ficam sujeitas a critérios exclusivamente subjetivos da cúpula dos Tribunais de Justiça dos Estados, no que concerne à designação dos juízes que irão exercer a jurisdição agrária. (...) O texto constitucional em análise (art. 126) fere de morte o princípio do juiz natural. Ele não resiste a esta simples pergunta: como é possível, em tese, o conflito de interesses (a lide agrária) preexistir ao juiz competente, ao juiz certo, para dirimi-la? Sim, porque o texto constitucional não dá a garantia de que a designação do juiz agrário deva ser anterior ao nascimento do conflito. (...) O casuísmo que não raro entorpece o pensamento das pessoas não pode fazer do princípio do juiz natural, do juiz certo, apenas um simulacro dessa garantia dos jurisdicionados."

O brilhantíssimo Plínio de Arruda Sampaio, que foi um dos constituintes de 1988, presta um expressivo depoimento sobre a derrota da emenda que, naquela oportunidade histórica, pretendia instituir a Justiça Agrária:

"Em 1988, quando se votava a Constituição, eu estava presente na sessão que 'fechou' o capítulo do Poder Judiciário. Havia quatro questões pendentes: a estatização dos cartórios, a extinção da Justiça Militar, a supressão dos juizes classistas e a criação da Justiça Agrária. A afluência de pessoas interessadas nessas questões foi tão grande que a Comissão precisou mudar para uma sala maior, capaz de abrigar mais de 500 pessoas. Derrotada a emenda da estatização dos cartórios, retiraram-se, entre vivas e urras, umas 200 pessoas; derrotada a proposta de extinção da justiça militar retiraram-se, mais discretamente, umas 100 pessoas; derrotada a proposta de supressão dos juizes classistas, saíram ruidosamente as outras 200. Nestas alturas, eram duas horas da madrugada. Restavam 3 pessoas na platéia. Elas assistiram, caladas, à derrota da última emenda: a que instituiria a Justiça Agrária. Esse episódio é bem indicativo do desprezo da maioria da sociedade brasileira pelas pessoas que garantem a sua alimentação e geram as divisas com as quais se constrói o progresso da Nação."[76]

Pinto Ferreira interpreta o art. 126 entendendo que:

"quando o texto constitucional fala de juízes com competência exclusiva para questões agrárias, de certo modo aponta a idéia de uma especialização da

---

[76] Extraído da internet, procurando no buscador "Google" o verbete "Justiça Agrária". O autor do texto é Plínio de Arruda Sampaio, advogado, líder político, autor de livros, membro de atuantes instituições da sociedade civil e diretor do jornal "Correio da Cidadania", que se edita em São Paulo. O artigo foi publicado no "Dia do Trabalhador Rural" (25 de julho), em 2002, sob o título "25 de julho – Dia do Trabalhador Rural".

Movimentos Sociais e Direito

Justiça Estadual com varas privativas de questões agrárias".[77]

Orlando Soares viu como decepcionante a adoção, pelos constituintes de 1988, da idéia de juízes agrários, dentro da estrutura da Justiça Estadual, em vez de criar uma Justiça Agrária especializada e federal. Foi incisivo na sua condenação:

> "Frustrando uma expectativa generalizada – ou seja, de federalização da Justiça Agrária – o novo texto constitucional atribuiu à Justiça Estadual a incumbência para designar juízes de entrância especial, com competência exclusiva para questões agrárias".[78]

A nosso ver, os juízes agrários, da forma como foram concebidos pela Constituição de 1988, não constituíram uma solução feliz.

Se tivesse sido adotado o modelo proposto pela Associação "Juízes para a Democracia", já referido acima, entendemos que seria útil como solução provisória e emergencial do problema.

Nunca se podem conceber "juízes agrários" quase como juízes marginais, "estranhos" às atribuições típicas do Poder Judiciário.

Deve acontecer exatamente o oposto.

O dever de instituir "várias agrárias" deveria ter sido enfrentado pela Justiça dos Estados, como autêntica missão de socorro, a ser desempenhada com devotamento, em benefício do país.

Para exercer a função de "juízes agrários" deveriam ser escolhidos magistrados de escol, vocacionados para esse serviço de altíssima relevância social.

---

[77] FERREIRA, Pinto. *Comentários à Constituição Brasileira*. São Paulo, Saraiva, 1992, 4° volume, p. 555.

[78] SOARES, Orlando. *Comentários à Constituição da República Federativa do Brasil*. Rio, Forense, 1991, p. 497.

A preparação e o aperfeiçoamento desses magistrados seria indispensável. Um programa de formação e aprimoramento de juízes agrários deveria merecer cabal apoio do Governo Federal.

Se todas essas observações teriam relevância, como "remendo" à omissão do constituinte de 1988 (que recusou a criação da Justiça Agrária especializada), cremos que, no novo quadro que se apresenta, o que cumpre é instituir mesmo esse novo ramo do Poder Judiciário.

3.12. Razões para a instituição da Justiça Agrária

Razões que justificam a criação da Justiça Agrária são, a meu ver, dentre outras, as seguintes:

a) a precariedade da prestação jurisdicional conferida ao trabalhador rural, no quadro das estruturas judiciárias vigentes;

b) a necessidade de especialização do juiz agrário e da Justiça Agrária, quer pela extensão e complexidade que alcançou o Direito Agrário, quer pelas peculiaridades da judicatura agrária, exigindo dos magistrados uma postura mental específica;

c) a expansão científica do Direito Agrário, que resultará da instituição desse novo ramo do Poder Judiciário, uma vez que o novo ramo da Justiça gerará a ação inovadora da jurisprudência e o estudo e pesquisa dos especialistas;

d) a circunstância de que o acervo jurisprudencial e doutrinário emanado dos tribunais e juízos agrários aproveitará também ao juiz comum investido de jurisdição agrária, como sempre ocorreu e continua ocorrendo, no caso da Justiça do Trabalho;

e) o fato de que o exercício do direito de reclamar levará o campesinato, numa perspectiva histórica, a crescer na consciência de classe, base de um sindicalismo forte e instrumento para qualquer substancial mudança da estrutura social;

Movimentos Sociais e Direito

f) a necessidade de atender o grito de Justiça dos trabalhadores sem terra que, sob a bandeira do MST, integram o mais importante movimento social brasileiro contemporâneo;

g) o exemplo de diversos países, como Inglaterra, França, Holanda, Dinamarca, Suíça, Japão, Peru, Uruguai, Argentina, México e outros;

h) o acolhimento, através da instituição da Justiça Agrária, de um postulado da própria "Declaração Universal dos Direitos Humanos", uma vez que esse documento proclama, no artigo VIII, que "todo homem tem direito a receber dos tribunais nacionais competentes remédio efetivo para os atos que violem os direitos fundamentais que lhe sejam reconhecidos pela Constituição ou pela lei", mas a estrutura judiciária vigente não assegura ao rurícola remédio efetivo para os atos violadores dos seus direitos.

Sobre a "justiça agrária" na França, Espanha, Peru, México e Argentina, consultem-se os livros indicados no rodapé.[79]

O fato de existir, às vezes, um abismo entre o sistema agrário legal e o sistema agrário real, em alguns países, não exclui o interesse por estes estudos, ainda que apenas para surpreender as contradições.

3.13. Especialização dos juízes agrários

É imperiosa a especialização dos juízes agrários, não apenas em razão da autonomia do Direito Agrário,

---

[79] Cf. Malezieux, R. & Randier, R. *Traité de Droit Rural.* Paris, Libraire Generale de Droit et de Jurisprudence, 1972, p. 168/170.
Cf. Marcial, A. Ballarin. *Derecho Agrario.* Madri, Editorial Revista de Derecho Privado, 1965.
Cf. Carlos, Newton. *Peru, O Novo Nacionalismo Latino-Americano.* Rio, Lia Editor, 1969, p. 170 e segs.
Cf. Nuñez, Lucio Mendieta y. *El sistema agrario constitucional.* México, Editorial Porrua, 1966, tercera edicion, ps. 131/140.
Cf. Galan, Beatriz B., & Garibotto, Rosa A. *Derecho Agrario.* Buenos Aires, Abeledo-Perrot, 1967, ps. 209/224.

como também em decorrência da autonomia da Teoria Geral que o orienta.

Colocou com precisão Rafael Augusto de Mendonça Lima:

> "Da mesma forma que o Direito Civil, o Direito Agrário tem a sua Teoria Geral, que o conceitua, distinguindo-o de outros ramos do Direito, identificando as suas diversas categorias, orientando a sua hermenêutica, estudando as suas relações com os demais ramos do Direito."[80]

Além disso, as razões que sempre justificaram a especialização dos juízes trabalhistas socorrem a tese de especialização dos juízes agrários.

A propósito da especialização dos *juízes trabalhistas,* escreveu Paulo Emílio Ribeiro de Vilhena:

> "A escolha de juízes especializados, afeiçoados ao Direito do Trabalho e às questões trabalhistas, além de importar em uma acentuação ou uma fixação do sentido tutelar e socializante que se imprime no respectivo direito material, tem como mais elogiável conseqüência o domínio, pelo julgador, de um ramo da ciência jurídica, cujas controvérsias implicam conhecimentos jurídicos especiais e uma concentrada experiência do comportamento das partes em suas relações de trabalho. À implantação de um direito processual próprio, vazado em princípios que, tais como o da maior impositividade, maior celeridade e simplificação e objetividade na seqüência dos momentos processuais, mais fielmente atendam à pronta realização desse ramo do direito objetivo, deve corresponder a especialização da Justiça, provida de juízes profundamente conhece-

---

[80] Rafael Augusto de Mendonça Lima. *A importância da Teoria do Direito Agrário.* In: Revista da Faculdade de Direito da Universidade Federal de Goiás. Goiânia, Faculdade de Direito da UFG, n. 1/2, janeiro/dezembro de 1988, p. 99 e seguintes.

Movimentos Sociais e Direito

dores dos problemas jurídicos trabalhistas e mais sensíveis às suas ressonâncias sociais e econômicas".[81]

Transportando-se essas observações e conceitos para a Justiça Agrária, vê-se que a especialização do juiz respectivo conduzirá a idênticos benefícios.

3.14. Justiça Agrária e Direito Agrário

Embora o Direito Agrário tenha sido relacionado como disciplina optativa, no currículo do Curso de Direito, não me parece que já tenha tido o acolhimento entusiasmado que merece.

Nas minhas andanças pelas Faculdades de Direito do país, percebo que os currículos acadêmicos não têm adotado, com a assiduidade desejada, o estudo deste importante ramo do Direito, mesmo em regiões brasileiras de grandes conflitos agrários. Naquelas Faculdades que contemplaram a disciplina na grade curricular, também não há, por parte dos alunos, a procura, a meu ver, esperada.

Entretanto, não obstante esta observação preliminar, tenho percebido um paulatino crescimento de interesse pela matéria.

A maior difusão dos estudos em Direito Agrário contribuirá para apressar a instituição da Justiça Agrária e sua paulatina ampliação territorial. De outro lado, a criação da Justiça Agrária imporá um grande desenvolvimento nos estudos e pesquisas relacionadas com o Direito Agrário.

Em artigo publicado em 1986, Miguel Pressburger objetava que não se podia criar a Justiça Agrária, sem que se tivesse consolidado o Direito Agrário:

"Estranhamente volta-se a falar numa Justiça Agrária, que precederia um Direito Agrário, como se o

---

[81] Vilhena, Paulo Emílio Ribeiro de, obra já citada, p. 126 a 128.

adjetivo pudesse ter vida autônoma sem o substantivo".[82]

Da época em que saiu o texto de Miguel Pressburger até hoje, creio que o Direito Agrário avançou bastante no país, especialmente pela contribuição do mundo acadêmico através de professores que são autênticos "militantes" na profusão dessa nova seara jurídica.

Excelente préstimo ao avanço do Direito Agrário tem sido oferecido pelos Seminários Nacionais de Direito Agrário que já se vêem realizando há vários anos sob o patrocínio da Associação Brasileira de Direito Agrário. Bem mais recentes, porém na mesma linha de promover o desenvolvimento desse importante ramo do Direito, estão os Encontros Nacionais de Professores de Direito Agrário, também patrocinados pela Associação Brasileira de Direito Agrário.

Certamente, uma vez instituída a Justiça Agrária, o Direito Agrário encontrará um grande incremento no país.

A difusão acadêmica e científica do Direito Agrário e a criação da Justiça Agrária são objetivos que se somam e que se completam.

Parece-me que a abertura das mentes em direção aos horizontes do Direito Agrário contribuirá para o crescimento da substância ética dos estudos do Direito. Isto porque o Direito Agrário tem direta ligação com o elenco dos Direitos Humanos fundamentais.

Um dos serviços que o Direito Agrário presta à coletividade, e não apenas àqueles que sejam os detentores imediatos e diretos do benefício, é justamente o de contribuir para que se concretize o acesso à terra. A terra não é um bem de capital, como outros bens. A terra é instrumento de trabalho e sobrevivência. A terra é como a água e o ar, bens universais de que todos os seres humanos são detentores.

---

[82] Miguel Pressburger. *Questionando a Justiça Agrária*. Texto de apresentação à publicação com o mesmo título. In: *Questionando a Justiça Agrária*. Rio de Janeiro, Apoio Jurídico Popular / FASE, 1986.

Movimentos Sociais e Direito

Por estas razões, Jacques Távora Alfonsin defendeu, em primorosa obra, o "acesso à terra como conteúdo de direitos humanos fundamentais à alimentação e à moradia".[83]

3.15. Organização da Justiça Agrária: algumas idéias

3.15.1. Inconveniência de uma eventual representação classista, já repudiada pela Justiça do Trabalho, na estrutura da Justiça Agrária

Eliminada a representação classista na Justiça do Trabalho, por razões ponderáveis, não me parece que a Justiça Agrária devesse nascer com representação classista.

Contra a representação classista na Justiça do Trabalho, posicionou-se vigorosamente Paulo Emílio Ribeiro de Vilhena.

Transcrevemos, a seguir, apenas o início de sua argumentação, remetendo para o rodapé a continuação do seu arrazoado.

"Em princípio, afigura-se contra-indicado o exercício da função jurisdicional (...) a pessoa que não se tenha tecnicamente preparado para isto e que formal ou materialmente não seja portadora de certos requisitos que a desvinculem do jogo de interesses objetos de julgamento".[84]

---

[83] ALFONSIN, Jacques Távora. *O acesso à terra como conteúdo de direitos humanos fundamentais à alimentação e á moradia.* Porto Alegre, Sergio Antonio Fabris Editor, 2003.

[84] "Sustenta-se que o juiz classista (representante de empregados ou de empregadores), ao participar de um tribunal do trabalho, traz contribuição de sua experiência pessoal e profissional, ou de seus conhecimentos técnicos específicos, que melhor conduzem a uma correta solução do caso a decidir.
Tenha-se em mente que o conhecimento técnico-profissional, em si, é um dado neutro, desinteressado.
Quando, entretanto, esse conhecimento se aplica em função de situações grupais radicalmente conflitantes, como se verifica nos dissídios entre em-

Carlos Ferdinando Mignone também condena a representação classista na Justiça do Trabalho:

"De fato, na realidade, quem conhece e julga na Justiça do Trabalho é o Juiz. O ideal seria a supressão dos representantes classistas e, com a verba destinada ao seu pagamento, que se utilizassem defensores indicados pela Ordem dos Advogados para representarem a parte mais fraca. E quando

pregados e empregadores, ele se contamina e se deforma, com ver, aqui, o juiz classista, a matéria submetida a seu julgamento, sob o prisma de uma ideologia profissional sedimentada – a que o fez assentar na cadeira judicante do tribunal.

Dá-se, pois fenômeno inverso: o conhecimento profissional, muito longe de servir ao correto e tanto quanto possível exato cumprimento da justiça invocada, desserve-o, como torna-lhe alteradas as bases de informação dos supostos de fato sobre que se assentará. (...)

Enquanto os processualistas acremente censuram a composição paritária dos tribunais do trabalho, por entenderem-na causa de delongas no procedimento e excessivo peso nos trâmites processuais ou porque conduz ao 'profissionalismo dos representantes patronais e de empregados no exercício da magistratura' ou, sobretudo, porque 'gravitam no ânimo dos referidos representantes mais que um espírito jurídico e uma inspiração de estrita justiça, os interesses das forças que representam', autores há que supeditam bases sociológicas ou históricas na explicação do fenômeno.

Para estes, mais moderados, a intervenção de elementos profissionais na administração da justiça será útil ou nociva na prática conforme o ambiente cultural e histórico. Se ambiente, circunstâncias e tradição determinam o bom ou mau funcionamento das instituições, o jurista não pode subtrair-se totalmente deles.

O que se deve examinar não é a qualidade em si do sistema paritário, mas o quanto contribui ou não para o regular funcionamento das instituições judicantes em que se acha inserido.

Uma indagação é radicalmente cabível: a participação de juízes classistas leigos, sem lastro jurídico, na operação informativa e constitutiva da sentença em dissídios individuais e coletivos jurídicos, sobretudo quando as matérias técnicas submetidas aos tribunais se avolumam e se intrincam, (...) será essa participação infensamente admissível?

Se, nesses casos, a participação do juiz classista é meramente nominal, ou se deixa ele orientar pelo togado que compõe o colégio, então vem a ser uma ficção.

Se, porém, *atua*, na acepção de operação julgadora, fá-lo deficitariamente, com os elementos informativos de que dispõe."

Cf. Vilhena, Paulo Emílio Ribeiro de Estrutura orgânica da Justiça do Trabalho, in *Revista de Informação Legislativa*, editada pelo Senado Federal, ano VIII, nº 30, abril/junho de 1971, p. 123 e seg.

Movimentos Sociais e Direito

necessitasse o Juiz de esclarecimentos especializados acerca das questões técnico-profissionais em pauta, que solicitasse assessores indicados pelos órgãos de classe, mas que só funcionariam quando chamados em casos específicos, com pagamento contra recibo. Seria o exercício da Justiça segundo as nossas possibilidades e segundo o nosso meio e a nossa gente. Sem imitações".[85]

Adoto os argumentos, quer de Paulo Emílio Ribeiro de Vilhena, quer de Carlos Ferdinando Mignone, para colocar-me em oposição à idéia de representação classista na Justiça Agrária.

Embora acredite que a tese de representação classista não seja levantada porque o assunto já está, de certa forma, superado, em face da eliminação do vocalato, na Justiça do Trabalho, ainda assim, num estudo como este, acho que o ponto deve ser mencionado.

3.15.2. Tribunal Superior Agrário, Tribunais Regionais Agrários e juízes agrários: composição e forma de escolha

O número de ministros do Tribunal Superior Agrário deve ser fixado pela Constituição, como ocorre com o Tribunal Superior do Trabalho. (Art. 111, § 1°, da Constituição Federal).

Os juízes de primeira instância devem ser nomeados por concurso de título e provas, organizados pelos Tribunais Regionais Agrários, não se devendo repetir o erro da livre nomeação adotada quando da criação da Justiça Federal. Enquanto os cargos de juiz agrário não forem providos, a competência continuaria, na primeira instância, com os juízes que a detiverem. Seriam, contudo, de livre nomeação os primeiros juízes dos Tribunais Regionais Agrários, da mesma forma que os ministros do Tribunal Superior Agrário.

---

[85] Cf. Mignone, Carlos Ferdinando, obra já citada, p. 103.

3.15.3. Justiça Agrária deve ser federal

A Justiça Agrária deve ser federal, não, porém, por argumentos freqüentemente expendidos: maior independência dos magistrados, maior importância de um tal ramo do Poder Judiciário ou possibilidade de recrutamento mais cuidadoso.

O Poder Judiciário é uno; todo ato jurisdicional é relevante. A rigor, os mais importantes direitos da pessoa humana estão sob a tutela da Justiça comum estadual. No Brasil, o legislador constituinte que, realmente, pretender valorizar o Poder Judiciário haverá de compelir os Estados-Membros da Federação à observância de determinados preceitos relacionados com a organização da Justiça local.

A Justiça Agrária deve ser federal porque, na segunda instância, os Tribunais Regionais devem cobrir o território nacional, sem se ater à divisão do País por Estados. Não me parece boa idéia criar, obrigatoriamente, um Tribunal Regional Agrário, em todas as unidades da Federação, como se fez com a Justiça do Trabalho.

Deve ser federal também, por semelhança com a Justiça do Trabalho e porque a questão agrária é uma questão nacional.

3.15.4. Competência da Justiça Agrária

Na fixação da competência da Justiça Agrária, deve ser observada a correlação lógica entre a Justiça Agrária e o próprio objeto do Direito Agrário. Assim, dentre outros litígios, caberia certamente à Justiça Agrária, conciliar e julgar as questões que versem sobre conflitos da terra rural ou digam respeito à terra rural; os dissídios individuais ou coletivos oriundos de relações de trabalho de natureza rural; as desapropriações por interesse social para fins de Reforma Agrária; as questões relativas a contratos agrários etc.

Movimentos Sociais e Direito

Oportuno também me parece conferir à Justiça Agrária competência para conciliar e julgar os dissídios relativos a acidentes de trabalho rural.

3.15.5. Justiça Agrária: causas em que a União, entidade autárquica ou empresa pública federal for interessada

A Justiça Agrária deve ser equiparada à Justiça Eleitoral e à Justiça do Trabalho, para o fim de exclusão de competência da Justiça Federal, na forma do art. 109, inc. I, da Constituição Federal.

Assim, devem ser da competência da Justiça Federal as causas em que a União, entidade autárquica ou empresa pública federal forem interessadas na condição de autoras, rés, assistentes ou oponentes, exceto as de falência, as de acidentes de trabalho e as sujeitas à Justiça Eleitoral, Justiça do Trabalho e Justiça Agrária.

3.15.6. Extensão da jurisdição dos Juízos Agrários a mais de uma comarca

Instituída constitucionalmente a Justiça Agrária, o legislador ordinário, ao criar os juízos agrários, deverá estender a jurisdição deles a mais de uma comarca, quando convier, como vem sendo feito na Justiça do Trabalho. Atualmente, os transportes estão mais fáceis, e o ônus de viajar compensa a vantagem de receber a prestação jurisdicional por parte de uma Justiça especializada, desde que essa extensão de jurisdição seja feita com todo critério.

3.16. Conclusão

Por tudo que foi dito, parece-me ter ficado demonstrado que a instituição da Justiça Agrária especializada poderá contribuir para corrigir, dentro dos limites que possam ser alcançados pela prestação jurisdicional, as distorções da estrutura agrária brasileira, remediando algumas das injustiças que vêm sendo praticadas.

Numa visão global e histórica, creio que a Justiça Agrária possa contribuir também para que cresça, no rurícola, a consciência de sua condição de classe. Essa consciência é indispensável a qualquer processo histórico de transformação social.

A Justiça Agrária especializada contribuirá, efetivamente, para o aperfeiçoamento das instituições judiciárias e para a melhor eficiência dos respectivos serviços. Assim, parece-me que só possa ser coerentemente recusada a utilidade da criação desse ramo especial do Poder Judiciário por quem negue a possibilidade de atuarem a Justiça e o Direito como agentes de avanço social.

Movimentos Sociais e Direito

4. Direitos Humanos e Globalização

Este ensaio tenciona refletir sobre as relações entre os Direitos Humanos e a Globalização.

Em que medida a globalização assegura ou nega ao ser humano aqueles direitos que decorrem de sua própria natureza humana?

O texto procura caminhar pelos meandros da globalização buscando analisar o impacto desse processo sobre o sentido dos Direitos Humanos.

É possível a sobrevivência dos Direitos Humanos dentro da globalização em curso, nos parâmetros dessa globalização?

O autor conduz toda a reflexão utilizando a metodologia do "ver, julgar e agir".

4.1. Apresentação

Dividimos esta nossa reflexão em duas partes.

Na primeira, tentaremos conceituar os dois termos de nosso tema – Direitos Humanos e Globalização – e buscaremos estabelecer um nexo entre eles.

Na segunda parte, tencionamos analisar a relação "Direitos Humanos – Globalização", utilizando a metodologia do ver, julgar e agir.

4.2. Começando a primeira parte desta reflexão. Para uma definição de Direitos Humanos

Iniciemos, pois, a primeira parte de nossa contribuição tentando definir Direitos Humanos.

Movimentos Sociais e Direito

Por *direitos humanos* ou *direitos do homem* são, modernamente, entendidos aqueles direitos fundamentais que o homem possui pelo fato de ser homem, por sua própria natureza humana, pela dignidade que é própria da condição humana. São direitos que não resultam de uma concessão da sociedade política. Pelo contrário, são direitos que a sociedade política tem o dever de consagrar e garantir.

Prefiro a designação "direitos humanos". É, a meu ver, mais própria que "direitos do homem". "Direitos Humanos" deixa claro que os destinatários dos direitos são os seres humanos em geral. Já "direitos do homem" estabelece, na denominação, a preferência pelo gênero masculino. É certo que quando se fala "direitos do homem" está implícito que se trata de "direitos do homem e da mulher". Mas, de qualquer forma, por que "direitos do homem" para abranger os dois gêneros?

4.3. Ampliação da idéia de Direitos Humanos

A visão dos Direitos Humanos, modernamente, não se enriqueceu apenas com a justaposição dos "direitos econômicos e sociais" aos "direitos de liberdade". Ampliaram-se os horizontes.

Surgiram os chamados "direitos humanos de terceira geração" e os "direitos humanos de quarta geração":

a) os direitos dos povos, proclamados em fóruns internacionais, e não apenas os direitos da pessoa humana;

b) a repulsa a qualquer forma de colonialismo;

c) o direito de cada povo a sua autodeterminação;

d) os direitos de solidariedade entre os povos;

e) o direito ao desenvolvimento sustentável;

f) o direito à paz;

g) o direito a um ambiente sadio e ecologicamente equilibrado, os direitos da natureza;

h) os direitos das gerações futuras;

i) o direito de propriedade sobre o patrimônio comum da humanidade;

j) o direito da humanidade à preservação ética da vida, com rejeição de qualquer manipulação genética que fira a dignidade humana;

k) os direitos coletivos e difusos, direitos que não se referem ao titular individual mas aos seres humanos na vida gregária.

4.4. Para uma definição de Globalização

Oferecidos os contornos que permitem apreender o sentido de Direitos Humanos, passemos a refletir no que seria isto que se denomina Globalização.

Globalização e mundialização são palavras que se equivalem. Os americanos falam em globalização. Os franceses optam pelo vocábulo mundialização. Internacionalização parece termo mais adequado para significar tudo que escapa ao âmbito do Estado Nacional. No Brasil, a designação que tem maior curso é "globalização". O vocábulo "mundialização" nem é mesmo registrado em conceituados dicionários.[86]

4.5. Dimensões do processo sócio-histórico da globalização

Giovanni Alves, em seu livro "Dimensões da Globalização – o Capital e suas Contradições", distingue três dimensões no processo sócio-histórico da globalização:

- a globalização como ideologia;
- a globalização como mundialização do capital;
- a globalização como processo civilizatório humano-genérico.[87]

As dimensões da globalização, segundo o autor, são contraditórias, tendo em vista que a ideologia da globa-

---

[86] Há ausência de registro nos dicionários de Aurélio Buarque de Holanda Ferreira, Antônio Houaiss e no Michaelis.

[87] ALVES, Giovanni. *Dimensões da Globalização – o Capital e suas Contradições.* Londrina (PR), Editora Praxis, 2001.

lização tende a ocultar a lógica desigual e excludente da mundialização do capital, e a mundialização do capital tende a impulsionar, em si, o processo civilizatório humano-genérico, isto é, o desenvolvimento das forças produtivas humanas, que são obstaculizadas pelo próprio conteúdo da mundialização.

Arremata Giovanni Alves que qualquer análise do fenômeno da globalização que não procure apreender seu sentido dialético tende a ser unilateral, tornando-se incapaz de vê-la tanto como algo progressivo, quanto regressivo, tanto como um processo civilizatório quanto como um avanço da barbárie.

4.6. Globalização, um conceito em construção

José Luís Fiori entende que o conceito de *globalização* ainda está em construção, mas já reflete uma *nova formatação* econômica, que envolve dimensões tecnológicas, organizacionais, políticas, comerciais e financeiras "que se relacionam de maneira dinâmica gerando uma reorganização espacial da atividade econômica e uma claríssima re-hierarquização de seus centros decisórios".[88]

Maria Silvia Portella de Castro vê como a mais importante contribuição, na reflexão de José Luís Fiori, ao analisar a globalização, a de que estaríamos frente a um aprofundamento das relações de *dependência* entre países centrais e periféricos.[89]

4.7. Globalização, mudança qualitativa da internacionalização

Paul Singer sustenta que a *globalização pretende ser uma mudança qualitativa da internacionalização* propiciada

---

[88] José Luís Fiori. Colhido da internet, no buscador "Google", procurando o verbete "globalização".

[89] Maria Silvia Portella de Castro. Colhido da internet, no buscador "Google", procurando o verbete "globalização".

desde meados do século passado pelos avanços nos processos de comunicação e transporte e pela relativa paz que o mundo viveu desde então, entendendo que esses fatores permitiram uma maior integração financeira, econômica e cultural.[90]

4.8. Globalização e nova etapa do Capitalismo

Holgonsi Soares e Maria Arleth Pereira observam que o processo de globalização está trazendo profundas transformações para as sociedades contemporâneas. O acelerado desenvolvimento tecnológico e cultural, principalmente na área da comunicação, caracteriza uma nova etapa do capitalismo, contraditória por excelência, que coloca novos desafios para o homem neste final de século. Cultura, Estado, mundo do trabalho, educação, etc. sofrem as influências de um novo paradigma , devendo-se adequarem ao mesmo.[91]

4.9. Globalização, metáfora do imperialismo

Luiz Roberto Lopez assinala que a globalização implica uniformização de padrões econômicos e culturais em âmbito mundial. Historicamente, ela tem sido indissociável de conceitos como hegemonia e dominação, da qual foi, sempre, a inevitável e previsível conseqüência. O termo globalização e os que o antecederam, no correr dos tempos, definem-se a partir de uma verdade mais profunda, isto é, a apropriação de riquezas do mundo com a decorrente implantação de sistemas de poder.[92]

Ao longo do século XX, prossegue Luiz Roberto Lopez, a globalização do capital foi conduzindo à globa-

---

[90] Paul Singer. Colhido da internet, através do buscador "Google", procurando o verbete "globalização".

[91] Holgonsi Soares e Maria Arleth Pereira. Colhido da internet, através do buscador "Google", procurando o verbete "globalização".

[92] Luiz Roberto Lopez. Colhido da internet, através do buscador "Google", procurando o verbete "globalização".

Movimentos Sociais e Direito

lização da informação e dos padrões culturais e de consumo. Ao entrarmos nos anos 80/90, o Capitalismo, definitivamente hegemônico com a ruína do chamado Socialismo Real, ingressou na etapa de sua total euforia triunfalista, sob o rótulo de Neoliberalismo. Tais são os nossos tempos de palavras perfumadas: reengenharia, privatização, economia de mercado, modernidade e – metáfora do imperialismo – globalização.

A informação mundializada de nossos dias não é exatamente troca: é a sutil imposição da hegemonia ideológica das elites. Cria a aparência de semelhança num mundo heterogêneo – em qualquer lugar, vemos o mesmo McDonald's, o mesmo Ford Motors, a mesma Mitsubishi, a mesma Shell, a mesma Siemens. A mesma informação para fabricar os mesmos informados. Massificação da informação na era do consumo seletivo.

Por via da informação, as classes dominantes controlam os negócios, fixam regras "civilizadas" para suas competições e concorrências e vendem a imagem de um mundo antisséptico, eficiente e envernizado. A alta tecnologia, que deveria servir à felicidade coletiva, está servindo à exclusão da maioria.

Paralelamente à exclusão social, temos o individualismo narcisístico, a ideologia da humanidade descartável, o que favorece a cultura do efêmero, do transitório, da moda.[93]

4.10. Começando a segunda parte deste nosso estudo. Relação entre Globalização e Direitos Humanos: os desafios da análise

Pelo que ficou dito até aqui, não nos parece difícil perceber a relação entre globalização e *direitos humanos*, o nexo entre os termos.

Em que medida a globalização assegura ou nega ao ser humano aqueles direitos que decorrem de sua pró-

---

[93] Idem, ibidem.

pria natureza humana, pela dignidade que a ela é inerente?

Em que medida a globalização afirma ou rechaça os direitos dos povos;

Em que medida respeita ou avilta o direito à autodeterminação deles;

Em que medida é ou deixa de ser uma nova forma de colonialismo;

Em que medida sufraga ou repudia valores como a solidariedade universal, o direito ao desenvolvimento sustentável, o direito à paz, o direito a um ambiente sadio e ecologicamente equilibrado, os direitos da natureza, os direitos das gerações futuras;

Em que medida favorece ou dificulta a fruição dos direitos coletivos e difusos, direitos que não se referem ao titular individual mas aos seres humanos na vida gregária?

4.11. Pistas que favoreçam a busca de respostas para as nossas perplexidades. Metodologia do VER, JULGAR e AGIR

É nosso propósito assinalar pistas que possam favorecer a resposta às perguntas que resultam de nossas perplexidades.

Através da tríplice metodologia do VER, JULGAR e AGIR, faremos um esforço para aprofundar com clareza a relação que existe entre Globalização e Direitos Humanos.

4.12. Ver

Comecemos pelo VER. Examinando, em linhas gerais, os antecedentes e causas da globalização, observam Clóvis Rossi e Celso Pinto que o Neoliberalismo vem sendo aplicado, desde 1980 e anos seguintes, como uma arma estratégica da burguesia em face do panorama crítico que se desenhou para o Capitalismo na quarta

Movimentos Sociais e Direito

metade Século XIX. Tendo adquirido ares de verdade absoluta após a derrocada do "Socialismo Real", seu objetivo é, basicamente, elevar as taxas de lucros das empresas multinacionais (revertendo a queda observada nas últimas décadas). Em tese, o aumento dos lucros resultaria na recomposição dos níveis de investimentos e viabilizaria a inauguração de um novo padrão de acumulação e uma fase de crescimento econômico capitalista, o que na prática não vem ocorrendo.

Em seguida, Clóvis Rossi e Celso Pinto tecem observações sobre as tendências da globalização, notando que o crescimento do sistema financeiro internacional constitui uma de suas principais características. Um volume crescente de capital acumulado é destinado à especulação propiciada pela desregulamentação dos mercados financeiros. Nos últimos quinze anos do Século XX, o crescimento da esfera financeira foi superior aos índices de crescimento dos investimentos, do PIB e do comércio exterior dos países desenvolvidos. Isto significa que, num contexto de desemprego crescente, miséria e exclusão social, um volume cada vez maior do capital produtivo é destinado à especulação.[94]

O setor financeiro passou a gozar de grande autonomia em relação aos bancos centrais e instituições oficiais, ampliando o seu controle sobre o setor produtivo, assinalam os analistas citados.[95] Fundos de pensão e de seguros passaram a operar nesses mercados sem a intermediação das instituições financeiras oficiais. O avanço das telecomunicações e da informática aumentou a capacidade de os investidores realizarem transações em nível global. Cerca de 1,5 trilhão de dólares percorre as principais praças financeiras do planeta nas 24 horas do dia. Isso corresponde ao volume do comércio internacional em um ano.

---

[94] Clóvis Rossi e Celso Pinto. Colhido da internet, através do buscador "Google", procurando o verbete "globalização".

[95] Idem, ibidem.

Da noite para o dia esses capitais voláteis podem fugir de um país para outro, produzindo imensos desequilíbrios financeiros e instabilidade política.

As empresas transnacionais desempenham o papel de carro-chefe na globalização. Possuem um monumental grau de liberdade que se manifesta na mobilidade do capital industrial, nos deslocamentos, na terceirização e nas operações de aquisições e fusões. A globalização remove as barreiras à livre circulação do capital.

As estratégias utilizadas conduzem ao aniquilamento das economias dos países dependentes.

O perfil altamente concentrado do comércio internacional também é indicativo do caráter excludente da globalização econômica. Cerca de 1/3 do comércio mundial é realizado entre as matrizes e filiais das empresas transnacionais e 1/3 entre as próprias transnacionais, segundo dados levantados e estudados por Clóvis Rossi e Celso Pinto, em cuidadoso trabalho.[96]

4.13. Ver, com olhos cuidadosos, as repercussões da globalização na América Latina

Cabe um olhar especial sobre os impactos da globalização nos países periféricos do sistema capitalista e especialmente na América Latina.

O grau de inserção dos países latino-americanos, no modelo de capitalismo dominante, depende, em grande parte, do estágio de desenvolvimento industrial alcançado até os anos oitenta, das perspectivas de crescimento do mercado interno e de condições políticas que se vão constituindo internamente.

Os planos de estabilização monetária e a reforma do Estado são as condições impostas pelas organizações financeiras internacionais para que nós, latino-americanos, venhamos a nos inserir, segundo falaciosas promessas, num futuro remoto, à nova realidade econômica

---

[96] Idem, ibidem.

Movimentos Sociais e Direito

mundial. A baixa taxa de crescimento dos nossos países é uma das faces do modelo de estabilização. Mas as conseqüências perversas são imediatas e se expressam na derrocada da indústria, no desemprego, no aumento da miséria, na privatização das empresas e dos serviços públicos, com corte nos gastos sociais em educação, saúde, moradia, previdência etc.

4.14. Ver: a proposta da ALCA

Dentro desse quadro, coloca-se a proposta da ALCA (Área de Livre Comércio das Américas), ou seja, a anexação das economias latino-americanas à economia dos Estados Unidos.

No caso do Brasil, a adesão à ALCA importa em prejuízo a nossa indústria, agricultura, comércio, serviços a à própria cultura nacional.

Se já estamos enfraquecidos em face do gigante norte-americano, a adesão à ALCA representa a total e absoluta capitulação.

4.15. Ver: relatório da ONU sobre desenvolvimento humano

Em seu relatório do ano de 2001 sobre o desenvolvimento humano, a ONU comprova que a globalização está concentrando renda. Os países ricos estão ficando cada vez mais ricos, e os países pobres tornam-se ainda mais pobres. Isto não acontece por acaso, mas determinadamente. A redução das tarifas de importação beneficiou muito mais os produtos exportados pelos países mais ricos. Os países ricos continuam a subsidiar seus produtos agrícolas e com esse procedimento inviabilizam as exportações dos países mais pobres.

A globalização não beneficia a todos de maneira uniforme. Uns ganham muito, outros ganham menos, outros perdem. Os países mais pobres perdem com a desvalorização das matérias-primas que exportam e o atraso tecnológico.

4.16. Ver: crescimento do desemprego

O resultado mais dramático do modelo de economia imposto é o crescimento extraordinário do desemprego, fenômeno motivado por duas causas básicas: o progressivo declínio das taxas de crescimento econômico aliado ao desenvolvimento tecnológico com aplicação condicionada pelas relações de produção características do sistema capitalista. O problema não é só social, mas sobretudo econômico. Revela a crescente ineficiência capitalista na utilização dos recursos colocados à disposição da humanidade pelo progresso das forças produtivas.

4.17. Ver: globalização e meio ambiente

José de Sena Pereira Júnior demonstra o quanto o meio ambiente, em todos os seus componentes, tem sido afetado pelo processo de globalização da economia.[97]

Os impactos da globalização da economia sobre o meio ambiente decorrem principalmente de seus efeitos sobre os sistemas produtivos e sobre os hábitos de consumo das populações.

Por outro lado, a atividade de produção, mesmo com níveis altos de automação, tende a concentrar-se nos países menos desenvolvidos, onde são mais baratos a mão-de-obra e o solo e onde se contornam, com menores custos, as exigências de proteção ao meio ambiente.

Outro fator que tem exercido pressão negativa sobre o meio ambiente e que tem crescido com a globalização da economia é o comércio internacional de produtos naturais, como madeiras nobres e derivados de animais. Este comércio tem provocado sérios danos ao meio ambiente e colocado em risco a preservação de ecossistemas inteiros.

---

[97] José de Sena Pereira Júnior. Colhido da internet, através do buscador "Google", procurando o verbete "globalização".

A existência de um mercado de dimensões globais, com poder aquisitivo elevado e gostos sofisticados, é responsável por boa parte do avanço da devastação das florestas tropicais e equatoriais na Malásia, Indonésia, África e, mais recentemente, na América do Sul.

Na agricultura e na pecuária, a facilidade de importação e exportação pode levar ao uso, em países com legislação ambiental pouco restritiva ou fiscalização deficiente, de produtos químicos e técnicas lesivas ao meio ambiente, mas que proporcionam elevada produtividade a custos baixos. É o caso, por exemplo, de determinados agrotóxicos que, mesmo retirados de uso em países mais desenvolvidos, continuam a ser utilizados em países onde não existem sistemas eficientes de registro e controle. Os produtos agrícolas e pecuários fabricados graças a esses insumos concorrem deslealmente com a produção de outros países.

4.18. Julgar: quesitos de julgamento

Neste momento das considerações que estamos a colocar, queremos propor quesitos de julgamento, diante da realidade que anteriormente procuramos VER.

Em outras palavras: como JULGAR os fatos que a globalização apresenta, em face dos critérios estabelecidos pela idéia de Direitos Humanos?

Numa primeira abordagem, ainda sem adentrar nos aspectos éticos dos figurinos propostos, está com razão o Neoliberalismo quando diz que o custo do trabalho e as conquistas históricas dos trabalhadores dificultam o crescimento econômico e causam desemprego?

Seguiríamos bom caminho eliminando essas conquistas por meio da flexibilização da legislação trabalhista?

A constatação do que aconteceu com a Argentina desaconselha seguir a mesma rota. O governo argentino cumpriu rigorosamente a cartilha da flexibilização dos contratos de trabalho. Resultado: as taxas de desemprego, em vez de cair, atingem níveis de convulsão social.

4.19. Julgar: o modelo do sistema de comunicações

Examinando um outro ângulo da globalização: o modelo dos meios de comunicação recepcionado tem servido ao nosso país?

Luiz Roberto Lopez nos oferece uma resposta contundente: nunca fomos tão informados. Mas nunca a informação foi tão direcionada e controlada. A multiplicidade estonteante de informações oculta a realidade de sua monotonia essencial – a democratização da informação é aparente, tal como a variedade. No fundo, tudo igual.[98]

4.20. Julgar: subsídios que a análise marxista pode oferecer

Presta-se a análise marxista, para socorrer este nosso JULGAR, para fornecer subsídios a fim de que possamos entender e interpretar a globalização, neste momento mesmo em que os porta-vozes do Neoliberalismo afirmam que o Marxismo morreu?

Holgonsi Soares e Maria Arleth Pereira, num belíssimo estudo a quatro mãos, respondem afirmativamente:

"Se, para os liberais, a sociedade global é sinônimo de racionalidade e de progresso positivista, tendo como valor central a 'liberdade de mercado', para uma corrente renovada do Marxismo, não só a denúncia dessa visão é possível (...), mas também a compreensão de que a nova formação social é uma realidade histórica, e como tal portadora de contradições, tanto destruidoras como criadoras. Assim, a adoção de um enfoque marxista de análise não caracteriza um paradoxo. Embora seus conceitos

---

[98] Luiz Roberto Lopez, já citado.

Movimentos Sociais e Direito

clássicos não dêem conta da atual situação, se 'revisados' a partir das categorias cultural, política e econômica contemporâneas, são indispensáveis para uma leitura coerente das diferenças entre as práticas capitalistas anteriores e as da sociedade capitalista globalizada".[99]

4.21. Julgar: a globalização da violência

Para encerrar o nosso JULGAR, sirvo-me de primorosa colocação de Frei Betto, a propósito de um subproduto da globalização, qual seja, a globalização da violência:

"O caldo de cultura favorável à globalização da violência é a progressiva perda de confiança nas instituições da vida social, como a família, o Estado e as instituições religiosas. Acresce-se a isso a relativização da Ética em prol da ditadura do mercado na condução dos processos sociais. Em nome da livre concorrência, renuncia-se ao papel regulador do Estado e do Direito, incluindo a Ética no pacote de privatizações metafísicas, de modo a relegar à esfera individual crenças, valores e princípios".[100]

Concluído, no nosso JULGAR, que a globalização, como vem sendo executada, agride os Direitos Humanos, o que podemos fazer, se estivermos convencidos do acerto das conclusões, no sentido de nos opormos às políticas pretendidas.

A resposta a esse desafio começa a ser tentada no parágrafo que se segue.

4.22. Agir: é possível resistir à globalização?

A partir deste parágrafo, queremos nos debruçar sobre o AGIR.

---

[99] Holgonsi Soares e Maria Arleth Pereira, já citados.

[100] Frei Betto. Colhido da internet, através do buscador "Google", procurando o verbete "globalização".

Em primeiro lugar: é possível impor resistência à globalização?

Clóvis Rossi e Celso Pinto, na análise que produziram a partir de dados recentes, entendem que sim.

O ritmo e a natureza da inserção das economias nacionais à globalização são diferenciados e dependem em grande medida de opções políticas e da correlação de forças entre os setores populares e os defensores do Neoliberalismo. Ainda não está concluída a forma de inserção das economias nacionais no mercado global.

Os sindicatos, em níveis nacional e mundial, podem influir em seu curso. Greves e mobilizações na Europa, Ásia e América Latina revelam que os sindicatos reagem e buscam alternativas para a maneira excludente como a globalização vem-se processando. Essas lutas ainda ressentem-se da ausência de um projeto alternativo capaz de se contrapor ao Neoliberalismo.

Grandes mobilizações, como a dos mineiros alemães e a dos trabalhadores franceses e belgas da Renault, revelam que os trabalhadores não estão dispostos a arcar com os custos da globalização, e que é possível impor derrotas ao Neoliberalismo.

As estratégias e os atuais modelos de organização sindical, criados num período de fronteiras nacionais parcialmente protegidas, têm sido incapazes de enfrentar as transformações econômicas em curso, mas os desafios podem ser superados.[101]

4.23. Agir: o plebiscito sobre a ALCA

Foi muito expressivo o plebiscito sobre a ALCA, promovido por respeitáveis organizações da sociedade civil, em todo o território nacional, de 2 a 7 de setembro de 2002.

Compareceram para votar mais de dez milhões de pessoas. Essa presença é altamente significante se consi-

---

[101] Clóvis Rossi e Celso Pinto, já citados, ibidem.

derarmos duas circunstâncias: a) o voto foi facultativo, uma vez que o plebiscito foi organizado por instituições da sociedade civil, não foi um plebiscito do Estado; b) os promotores do plebiscito contaram apenas com trabalho voluntário, sem o apoio de uma estrutura técnica como aquela de que dispõe a Justiça Eleitoral.

No plebiscito, 98,3% dos votantes manifestaram-se contra a entrada do Brasil na ALCA.[102]

4.24. Agir: optar pela globalização apontada por Milton Santos

Milton Santos produziu uma das mais fulminantes críticas ao atual processo de globalização, porque levada a efeito sob o prisma de interesse do capital financeiro.

A essa globalização desumanizadora, opõe Milton Santos a globalização para inserção de todos os excluídos, o resgate dos esquecidos e oprimidos, de modo a entoarem todos o hino da humanização.[103]

4.25. Agir: recuperar a Agenda 21, priorizar a defesa do meio ambiente

Expressivas e contundentes são as preocupações expressas em vários documentos, como a Agenda 21, resultante da Conferência das Nações Unidas sobre o Meio Ambiente e Desenvolvimento, realizada no Rio de Janeiro em 1992. A Agenda 21 deve ser um marco de resistência.

Entretanto, interesses econômicos imediatos, aliados ao grave problema do desemprego, que hoje assola boa parte do mundo, têm dificultado o avanço de acordos e ações efetivas no sentido de dar cumprimento às metas da Agenda 21, como observou com muita lucidez José de Sena Pereira Júnior.[104]

---

[102] Cf. A Tribuna, de Vitória. Edição de 18 de setembro de 2002, página 29.

[103] Milton Santos. *Por uma outra globalização – do pensamento único à consciência universal*. São Paulo, Record, 2000.

[104] José de Sena Pereira Júnior, já citado.

4.26. Agir: recuperar a força do Humanismo e da Utopia

Não parece irônico que, em tempos de "globalização" econômica, quando se deveria esperar uma relativa diminuição do problema da fome e da pobreza no mundo dito globalizado, essas mazelas tenham, contraditória e escandalosamente, sofrido um recrudescimento?

Basta, como exemplo desse desprestígio das humanidades, o abandono a que foram relegados os estudos humanísticos, mesmo em universidades de grande tradição neste campo, como a USP. A propósito, veja-se a denúncia de Isabel Rebelo Roque, a respeito da crise pela qual vem passando a FFLCH (Faculdade de Filosofia, Letras e Ciências Humanas) da USP (Universidade de São Paulo).[105]

4.27. Agir: exigir o respeito à diversidade lingüística e cultural

Em 1999, de 31 de julho a 7 de agosto, realizou-se, em Berlim, o octogésimo quarto Congresso Universal de Esperanto. 2.712 participantes, de 66 países, estiveram presentes ao conclave.

Um dos temas postos em mesa para debate foi "Globalização – chances para a paz?".

Observaram os congressistas, no documento final, que o desenvolvimento da globalização vem-se realizando segundo um modelo que arrasta consigo o esgotamento dos recursos naturais do nosso planeta. Denunciou o Congresso que os países prósperos do mundo, em benefício de seus interesses, fomentam o nacionalismo e separatismo em muitos lugares, de uma forma que compromete a paz. Diversamente dos rumos atuais, os militantes do Esperanto apelam para que os países

---

[105] Isabel Rebelo Roque. Colhido da internet, através do buscador "Google", procurando o verbete "humanismo".

Movimentos Sociais e Direito

economicamente prósperos e politicamente fortes procurem não assimilar o mundo restante, mas unir-se a ele com base na compreensão recíproca porque "somente tal globalização pode garantir para a humanidade uma sólida paz em verdadeira felicidade".

Ainda o Congresso de Esperanto conclama as Nações Unidas, suas instâncias, todos os fóruns internacionais, as organizações não-governamentais e os usuários e falantes do Esperanto em todo o mundo a dar uma atenção séria a esses aspectos da globalização, empenhando-se em direcionar o processo de forma que todos os homens do globo lucrem com ele. Isto pode ocorrer somente com um respeito incondicional de todos os direitos humanos, inclusive dos direitos à diversidade lingüística e cultural.[106]

4.28. Agir: há um outro caminho - denunciar as ilusões de um mundo pretensamente unificado

Conforme coloca José Luiz Quadros de Magalhães:

"o mundo, no final do século, assistiu à queda do 'socialismo real', nos seus modelos europeus, finalizando uma cruel guerra econômica, na qual os Estados Unidos aparecem como vencedores momentâneos, com a falsa declaração do fim das ideologias e com a expansão do modelo neoliberal, trazendo desemprego, e promovendo uma acumulação e movimentação de capital jamais vista".[107]

Entretanto, já se percebe fortemente o retorno da proposta socialista democrática na Europa. De outro lado, resistindo a todas as formas de boicote, propagan-

---

[106] Colhido da internet, através do buscador "Google", procurando o verbete "Esperanto".

[107] José Luiz Quadros de Magalhães. Colhido da internet, através do buscador "Google", procurando o verbete "globalização".

da e lavagem cerebral, subsiste o ideário socialista em países da América Latina e da África.

Há um grito geral contra um projeto econômico que se dissocia inteiramente de qualquer compromisso ético.

Os alemães orientais, que promoveram uma revolução pacífica em busca da liberdade, percebem que a liberdade pela qual lutaram tem sido uma quimera "do outro lado do muro".

Um livro de Daniela Dahn (*Em frente, em direção oeste, sem esquecer*)[108] traz para o debate algumas questões.

Daniela Dahn sublinha que "o principal capital dos alemães do leste é justamente o papel secundário do dinheiro".

Segundo a autora, a antiga Alemanha Oriental desapareceu "quando nós começávamos a gostar dela".[109]

O livro denuncia o tratamento desigual estabelecido pela lei e pela própria Constituição, entre os alemães do oeste e do leste.

Para comemorar o sétimo aniversário da unificação alemã, a Volksbuhne de Berlim preparou um espetáculo intitulado "A liberdade provoca pobreza" (*Freiheit macht arm*).

Sobre o espetáculo diz Frank Castorf:

"Eu acredito que estávamos finalmente mais livres no sistema do totalitarismo coletivo que na sociedade atual, onde a única coisa que se percebe é um individualismo que condena tudo que parece de perto ou de longe ao coletivo. Hoje eu diria que nos sentimos supérfluos e não livres".[110]

---

[108] Daniela Dahn. *Westwarts und nicht vergessen*. Vom Unbehagen in der Einheit, Rowohlt, Berlin, 208p.

[109] *Apud* José Luiz Quadros de Magalhães, fonte citada.

[110] Le Monde Diplomatique, février 1997, page 12. Na mesma fonte da nota de rodapé anterior.

Movimentos Sociais e Direito

O mundo hoje reage à expansão do fenômeno neoliberal. Entretanto, as opções não são claras.

Há uma solução econômica regional ou local num mundo economicamente globalizado?

Quais as alternativas que se colocam?

Do jeito que está não há horizonte para os deserdados da Terra.[111]

4.29. Agir: novos atores devem reivindicar seu papel na construção de um modelo social alternativo

Parece-me que há algumas incertezas com relação ao novo projeto de mundo que se contraponha ao Neoliberalismo e à globalização escravizante.

Se o projeto, com todos os seus contornos, está para ser construído, não me parece que possam pairar dúvidas sobre quais devem ser os operários dessa construção.

Acho que os atores serão justamente os que estão excluídos do modelo:

- no concerto das nações, não as economias imperiais, mas os países que hoje são periféricos;
- no plano internacional e também no interior dos países:
- os trabalhadores, os desempregados, os que só dispõem de precárias ocupações no mercado informal, e não os que estão instalados, torcendo pouco para que as coisas mudem;
- preferentemente as mulheres, e não os homens com sua milenar dominação;
- todos aqueles marcados por discriminações de qualquer natureza, mais que os aceitos, os que têm trânsito livre, os que têm acesso privilegiado às salas "vip" dos aeroportos da vida.

---

[111] Já Franz Fanon, em livro profético, antevia a catástrofe. Cf. Franz Fanon. *Os Condenados da Terra*. Tradução de José Laurênio de Melo. Rio de Janeiro, Editora Civilização Brasileira, 1979.

Também poderão ajudar na construção do novo mundo os que não estão arrolados na faixa dos discriminados, desde que sejam capazes de abrir mão das opções dos dominantes, para colocar-se a serviço dos dominados.

5. Hermenêutica, Justiça Social e Desenvolvimento

O objetivo deste texto, como declarado logo no seu início, é contribuir para a reflexão sobre as relações entre – Hermenêutica, Justiça Social e Desenvolvimento.

Cada um dos elementos dessa tríade é analisado, separadamente, para em seguimento ser estudado o papel da Hermenêutica, como instrumento de que dispõe o jurista, para a edificação da Justiça Social e o alcance das metas de Desenvolvimento.

O compromisso do Direito com a Justiça Social e o Desenvolvimento, afirmado neste capítulo, tem coerência com o conjunto das idéias do autor, defendidas neste livro. Nunca uma visão neutra do Direito, nunca um Direito asséptico e frio. Sempre o Direito visto como instrumento eficaz, na construção de um projeto de sociedade fundada no Humanismo, na Justiça e na Ética.

5.1. Direito, Justiça Social e Desenvolvimento

As idéias que colocamos neste capítulo tentam contribuir para a reflexão sobre as relações, eventualmente existentes, entre estes três termos – Hermenêutica, Justiça Social e Desenvolvimento. Mas há uma reflexão que precede esta, que pretendemos enfrentar.

Movimentos Sociais e Direito

Trata-se de discutir a relação entre Direito, Justiça Social e Desenvolvimento.[112]

Não vejo como se possa dissociar qualquer dos termos dos dois outros que integram essa trilogia.

Não pode haver autêntica prevalência do Direito, se o Direito não se dirige a realizar a Justiça Social. Não se pode pretender verdadeiro Desenvolvimento se este não é centrado na Pessoa Humana, se seu endereço não é a construção de uma sociedade na qual as pessoas humanas que a integram possam realizar suas potencialidades existenciais.

---

[112] O presente texto desdobra e amplia significativamente as contribuições que demos ao proferir uma palestra sobre "Hermenêutica, Justiça Social e Desenvolvimento" no Congresso Internacional "Direito, Justiça Social e Desenvolvimento", ocorrido em Florianópolis, em agosto de 2002, por iniciativa do "Instituto de Direito Alternativo" (IDA), Instituto de Pesquisas e Estudos Jurídicos (IPEJ) e Complexo de Ensino Superior de Santa Catarina (CESUSC). Nossa comunicação foi feita no dia 10 de agosto de 2002. Essa presença em Florianópolis marcou também o reencontro com o Movimento do Direito Alternativo, quando este comemorava dez anos de existência, justamente na capital brasileira que abrigara a I Congresso Internacional do Direito Alternativo. Já não eram as mesmas pessoas com as quais me encontrei em 1993, por ocasião do II Congresso Internacional do Direito Alternativo. Era uma outra geração, animada porém pelos mesmos ideais. Como estava estudando na França, por ocasião do I Congresso Internacional do Direito Alternativo (1992), foi no II Congresso que tive a oportunidade de oficialmente me encontrar com o "Movimento do Direito Alternativo". Afirmei, nessa ocasião, que o Movimento do Direito Alternativo me conferia o sentimento de "paternidade" que todos nós buscamos. Isolado no Estado do Espírito Santo, um pequenino porém bravo Estado da Federação Brasileira, vivi no meu Estado a solidão de buscar e fazer Justiça segundo os parâmetros que coincidiam com aqueles adotados pelo grupo de magistrados que, no sul do Brasil, constituía o chamado "Movimento do Direito Alternativo". Por esse sentimento de procura de afiliação, a presença no II Congresso Internacional de Direito Alternativo teve a força de um "encontro existencial". Nosso depoimento a respeito deste "recorte de vida" está registrado no livro "Para onde vai o Direito?", cuja primeira edição saiu em 1996, pela Livraria do Advogado, de Porto Alegre. As edições subseqüentes da obra continuaram a reproduzir o relato. Na primeira edição, o depoimento aparece na página 71 e seguintes. Por tudo que acaba de ser dito, em 2002 eu agradecia, embora na presença de sucessores, ao "Grupo de Direito Alternativo" o que os colegas juízes, seus integrantes, fizeram por mim em termos de suporte espiritual que preencheu uma solidão profunda.

Impõe-se portanto afirmar, como conseqüência, o compromisso do Direito com a Justiça Social e o Desenvolvimento. Em seguimento a essa opção ética, assumiremos como válido o pressuposto de que a Justiça Social é condição para o Desenvolvimento.

5.2. Hermenêutica, Justiça Social e Desenvolvimento – a "visão hermenêutica" define a linha filosófica do jurista

Depois dessas considerações, chegamos ao tema deste ensaio: "Hermenêutica, Justiça Social e Desenvolvimento".

Antes de mais nada, será necessário examinar a posição que a Hermenêutica deva ocupar dentro do Direito.

Entendemos que é a "visão hermenêutica" que define a linha filosófica do jurista. No nosso entender, as mais graves questões que envolvem a Ciência do Direito são as questões hermenêuticas.

Temos cuidado longamente deste assunto em vários de nossos livros. Reproduzimos aqui algumas considerações aduzidas em outras obras porque a simples remissão aos textos, deixando a cargo do leitor a consulta das fontes primitivas, embaraçaria o seguimento das idéias colocadas neste estudo.[113]

5.3. Interpretação da lei e aplicação do Direito

Comecemos por distinguir interpretação da lei e aplicação do Direito.

A interpretação da lei é o esforço intelectual que consiste em penetrar na compreensão dos comandos legais. Para este fim, o intérprete deve ultrapassar, separada ou conjuntamente, os "momentos" interpretativos (ou processos de interpretação).

---

[113] Conferir, de maneira especial, "Como Aplicar o Direito". Rio de Janeiro, Forense, 2002 (8a edição).

Movimentos Sociais e Direito

A aplicação do Direito é a solução de um problema concreto, tendo como referência a lei em abstrato.

Pode haver interpretação da lei sem aplicação do Direito. Quem escreve um livro ou um artigo comentando uma lei, por exemplo, está exercendo uma tarefa interpretativa, mas não está aplicando o Direito.

A aplicação do Direito supõe a interpretação da lei, porém transcende essa. Aplicar o Direito é dar vida à lei, é fazer da lei – *Direito*, pela via da Ciência Hermenêutica.

Uma coisa é a interpretação fria da lei. Outra coisa é a aplicação pulsante, dramática e muitas vezes atormentada do Direito. A lei abstrata pode ganhar contornos imprevistos em face da aplicação, ou seja, em face do desafio de justapor ao abstrato o concreto.

A interpretação é uma tarefa lógica; a aplicação é muito mais que tarefa lógica, pois é arte, ciência, consciência, mergulho na vida e no ser humano.

5.4. Aplicador do Direito deve ser força social a serviço do progresso

No desempenho do papel de aplicador do Direito, o jurista pode ser um ator social a reboque da estagnação ou até mesmo do retrocesso, ou pode ser uma força a serviço do progresso. Pode ser construtor de uma hermenêutica comprometida com o avanço social, com a melhor distribuição dos bens, com a universalização do Direito, ou pode ser um sustentáculo do passado, insensível às mudanças, adepto de uma Dogmática Jurídica que cristaliza privilégios.

5.5. Visão conservadora ou visão progressista do Direito

Como não pode haver, racionalmente, uma hermenêutica plantada na neutralidade axiológica, o jurista terá de fazer uma escolha entre duas visões de Direito:

- uma visão conservadora, que pretende que o Direito é uma obra acabada, sempre apto a gerir os conflitos, dentro de categorias lógicas e inflexíveis;
- outra visão – progressista, dialética –, que vê o Direito como permanentemente inacabado, um Direito que se aperfeiçoa com a dinâmica da própria vida, um Direito que não é, enquanto proposta, definitivo, que é, sendo, como bem colocou o "Movimento Nacional de Direitos Humanos".[114]

5.6. A exegese jurídica e seus caminhos

Para enfrentar o desafio hermenêutico, o jurista deverá fugir de uma exegese meramente literal.

Se lança mão da exegese racional, o aplicador do Direito deve estar advertido para o conselho de Recaséns Siches. Esse pensador diz que a lógica formal, de tipo puro, *a priori*, só é apropriada para a análise dos conceitos jurídicos. Para a prática do Direito referido a pessoas concretas, integrando a existência humana, coloca Recaséns Siches que a lógica adequada é a lógica material, a "lógica do humano e do razoável".

Nunca se esqueça o bom intérprete do uso constante da interpretação sistemática, que lhe consigna o dever de zelar pela coerência do sistema jurídico.

Também a exegese histórico-evolutiva será de grande valia, sobretudo se o intérprete estiver atento ao ensino de Carlos Henrique Porto Carreiro. Abandone a simples relação cronológica dos fatos e submeta-os a uma análise infra-estrutural que conduza à real apreensão de uma realidade em movimento. Tente caminhos para refazer a compreensão da História, nas suas bases e nos seus conflitos, para dar à exegese histórico-evolutiva todos os seus frutos.

---

[114] "Manifesto do Movimento Nacional de Direitos Humanos", aprovado em Conferência que se reuniu em Olinda, em 1986. (Reprodução mimeografada).

Movimentos Sociais e Direito

Importantíssimo para uma interpretação sábia será o uso do processo teleológico. Este processo arma o jurista de poderes para apreciar sempre a finalidade social da lei e as exigências do bem comum que a lei é posta para prover. Ouça o jurista e sobretudo o juiz a palavra de encorajamento de Oscar Tenório. Vença, através da interpretação teleológica, os valores individualistas de tantas leis. Ao ensino antigo cabe acrescentar uma ponderação suplementar. Esses valores individualistas, já vistos como imprestáveis por Oscar Tenório, são inconciliáveis com a tábua finalística do sistema jurídico, adotada pelos artigos iniciais da Constituição brasileira de 1988.

Finalmente, cremos nunca poder ser desprezada a interpretação sociológica. Por esse camInho será sempre possível examinar os efeitos sociais da lei. Não se manter de mãos amarradas diante de uma lei cuja aplicação concreta teria efeitos sociais nefastos. Cabe indagar se esses efeitos sociais nefastos não constituem uma contradição da própria lei que, já na definição de Santo Tomás, é a ordenação da razão endereçada ao bem comum.[115]

5.7. O aprisionamento à jurisprudência dominante deve ser evitado

O desafio hermenêutico exige que o jurista não se aprisione demasiadamente à jurisprudência dominante. A jurisprudência, como conselho, é útil ao exercício da judicatura. Mas a submissão à jurisprudência, pela simples autoridade da jurisprudência, pelo prestígio da jurisprudência, pelo poder dos que criam a jurisprudência, é um óbice ao progresso do Direito.

---

[115] Tomás de Aquino. *Suma Teológica* (excertos). Tradução de Alexandre Correia. *In:* Textos de Filosofia Geral e Filosofia do Direito. (Aloysio Ferraz Pereira, org.) São Paulo, Revista dos Tribunais, 1980.

5.8. Prevalência da opinião do relator, nos tribunais, é um desvio censurável ao princípio da colegialidade

É uma falsa premissa a suposição do saber maior das instâncias recursais. O que legitima a instância recursal é a colegialidade. Duas cabeças pensam melhor que uma, conforme diz o povo na sua sabedoria de experiência feita. A instância recursal é falseada quando a colegialidade é substituída pela opinião apenas do relator, como tantas vezes acontece na vida concreta dos tribunais. Um juiz que fala por três ou mais de três, sem que os demais integrantes do órgão coletivo tenham sequer lido o processo, é uma fraude à colegialidade.

5.9. As instâncias inferiores na renovação do Direito. O papel do advogado

Na mesma linha de raciocínio, cabe relembrar que os juízes não têm que se submeter à jurisprudência dominante. A autoridade dos tribunais cinge-se ao caso concreto submetido ao duplo grau de jurisdição. Na verdade, com extrema freqüência, constatamos que as instâncias inferiores renovam o Direito porque surpreendem os casos, no fulgor de sua trepidação, na pungência do acontecer.

Não só os magistrados, não só o Poder Judiciário têm a missão de atuar para que a Hermenêutica, enquanto teoria e enquanto prática, esteja permanentemente comprometida com a Justiça Social e o Desenvolvimento.

Tarefa insubstituível é aquela do advogado que, mesmo no patrocínio de interesses privados, desempenha sempre múnus de caráter público e de relevante vocação social.

A independência, a coragem, o alinhamento a uma postura de defesa intransigente da dignidade do Direito, a onipresença – eis um catálogo de virtudes cívicas que fazem do advogado, não uma peça na engrenagem

Movimentos Sociais e Direito

judiciária mas – bem mais do que isso – fazem do advogado a alma da Justiça.

5.10. O Ministério Público que emerge da Constituição de 1988

O Ministério Público merece consideração destacada nestas nossas reflexões.

Erguido a um patamar de promotor e guardião dos mais amplos interesses sociais, pela Constituição Federal de 1988, o Ministério Público assume responsabilidade fundamental na defesa do Direito, no serviço à Ética, na salvaguarda dos princípios essenciais que gerenciam o ordenamento constitucional. Há o Ministério Público de lutar, conseqüentemente, por uma Hermenêutica desatrelada do dogmatismo de ontem e fincada num pacto de fidelidade à busca apaixonada da Justiça que marcará, cada vez de maneira mais acentuada, a Hermenêutica do amanhã,

5.11. O crivo da opinião pública e do debate universitário

Ainda vejo como forças positivas que poderão influir para que o Direito, por via da Hermenêutica, esteja a serviço de seus fins sociais, o crivo da opinião pública e o crivo do debate universitário.

Não é impertinente que a opinião pública fiscalize a Justiça, discuta a Justiça, participe do debate dos grandes temas do Direito. Por muito tempo esse universo foi considerado defeso ao povo. Vejo como um avanço da Democracia e da Cidadania a presença da opinião pública no questionamento das questões jurídicas e no debate das próprias decisões judiciais.

Neste aspecto, contribuição essencial é aquela que a Imprensa pode e deve prestar vasculhando as casas da Justiça, favorecendo a contradição de idéias, trazendo à luz aquelas questões e temas que somente uma visão elitista pode pretender que descanse à sombra de inspeção.

Em complemento ao debate público, acredito que o crivo do debate universitário pode contribuir grandemente para a democratização da Justiça. Pode e deve a Universidade, principalmente através dos departamentos ou faculdades de Direito, prestar esplêndido concurso ao avanço das instituições jurídicas.

5.12. O imperialismo externo e o imperialismo doméstico

É preciso recusar com energia todos os imperialismos – o externo e o doméstico.

O imperialismo externo é este que pretende "decretar", de fora para dentro, o saber, a verdade, as escolhas políticas, as linhas adequadas ao Direito e à Justiça no Brasil. Esse imperialismo externo fortalece-se quando se observa, dentro do Brasil, uma submissão dócil e desfibrada a tudo que vem de fora e, especialmente, àquilo que parte dos Estados Unidos da América. Equivocadamente aceita-se então que são boas para o Brasil leis, instituições legais, decisões judiciais, procedimentos e condutas adotados pelo país do Norte.

Há também um imperialismo interno, que devemos tratar com delicadeza, fraternidade e respeito, mas que não pode deixar de merecer nossa observação crítica. Trata-se de uma idéia consciente ou inconsciente que "carimba" com o selo da autoridade tudo que é produzido pela inteligência dos dois maiores Estados brasileiros, relegando a segundo plano os outros Estados da Federação.

O que merece nossa homenagem é o saber, o estudo, a pesquisa, a criatividade, a honestidade intelectual – esteja onde estiver.

Não se pode aceitar a autoridade que decorre do poder econômico, do poder político ou de qualquer outra espécie de poder.

Movimentos Sociais e Direito

No caso do Brasil, todos os Estados da Federação podem comparecer com seu quinhão de oferta, no campo das idéias. Universidades que se espalham pelo território nacional podem todas trazer sua contribuição para a reflexão coletiva. Jornais publicados nos mais diversos espaços do Brasil devem ser lidos fora das regiões onde circulam, hoje inclusive com o auxílio da internet. Livros que vêm à luz aqui e ali, alguns com a chancela de editoras locais ou regionais, merecem circular amplamente. A jurisprudência dos tribunais e as decisões de primeiro grau, venham de onde vierem, merecem a homenagem de nossa pesquisa.

Esse alargamento da compreensão de que o saber, o estudo, a criatividade, no campo do Direito e noutros áreas, alcança o país inteiro, de norte a sul, só poderá enriquecer o cabedal de nossa riqueza cultural e contribuir para o fortalecimento da Federação e da nacionalidade brasileira.

6. A cultura da paz e da cidadania no século XXI: integração sem exclusões

Neste capítulo, enfrentamos o tema que lhe dá título. Tratamos do desafio de se "promover" uma cultura da paz e da cidadania, o que é bem diferente de um acolhimento passivo das idéias de paz e cidadania. A promoção de uma cultura da paz e da cidadania supõe uma militância permanente em favor desses dois valores éticos, políticos, humanos – a paz e a cidadania.

A esse primeiro contorno geral do tema acresce-se uma definição de tempo – o século XXI. Ou seja, promover uma cultura de paz e cidadania situada nesta quadra histórica. Não será pois uma cultura da paz e da cidadania alheia às circunstâncias temporais mas exatamente o oposto – cultura da paz de da cidadania endereçada ao nosso tempo.

Finalmente, o tema ressalva uma condição indispensável ao serviço da paz e ao exercício da cidadania – paz e cidadania que suponham a inclusão de todos os povos e de todas as pessoas, sem aceitação de qualquer espécie de exclusão.

Havia pensado em dar início a este capítulo no parágrafo que aqui aparece como o de número 2 (Indagações preliminares). Nesta hipótese, suprimiria deste texto o parágrafo 1 (Preâmbulo que situa este capítulo num momento da vida do seu autor e da geração de que faz parte).

Movimentos Sociais e Direito

Refletindo melhor, pareceu-me que este parágrafo 1 é necessário. O parágrafo esclarece que estou a discutir a questão da paz e da cidadania no momento em que recebo um Prêmio Nacional de Direitos Humanos. O debate da matéria perde o seu caráter exclusivamente teórico porque se insere na vida do autor e na história de uma geração de que fez parte.

Nas palavras que constam do texto, bem como numa entrevista concedida à TV PUC do Paraná, deixei bem evidente que recebia com humildade o Prêmio, como mero representante de muitas pessoas, pois os esforços realizados foram coletivos.[116]

6.1. Preâmbulo que situa este capítulo num momento da vida do seu autor e da geração de que faz parte

Honra-me receber um Prêmio Nacional de Direitos Humanos. Honra-me ainda mais receber esse Prêmio quando a ele está ligado, como seu Patrono, o imortal combatente do Direito Heleno Cláudio Fragoso. Honra-me, como acréscimo, que este Prêmio me esteja sendo conferido no Estado do Paraná, berço de tantas tradições libertárias, Estado que pela cultura, dignidade e trabalho exalta a Federação brasileira. Finalmente me honra que a outorga seja patrocinada pelo "Centro Heleno Fragoso de Direitos Humanos" e pela "Associação de Juristas pela Integração da América Latina", com o apoio da OAB, Instituto dos Advogados do Paraná, Faculdades de Direito e um amplo leque de instituições que representam a sociedade civil paranaense.

---

[116] Este texto aproxima-se de palestra que proferi em Curitiba, por ocasião do recebimento do "Prêmio Nacional de Direitos Humanos Heleno Cláudio Fragoso", outorgado pelo "Centro Heleno Fragoso de Direitos Humanos" e "Associação de Juristas pela Integração da América Latina". A palestra foi feita 24 de outubro de 2002 e seu título foi "A cultura da paz e da cidadania no século XXI – integração sem exclusões". O convite foi formulado pelo Dr. Wagner Rocha D'Angelis, presidente do "Centro Heleno Fragoso de Direitos Humanos".

Disse que o Prêmio me honra, mas talvez dissesse melhor afirmando que o Prêmio me alegra. Se digo que me honra pode transparecer no verbo "honrar" um laivo de vaidade. E vaidade não podemos ter porque somos apenas criaturas de Deus, o pó que se tornará pó, mas pó que se engrandece e tem valor infinito porque divinizado, morada que é de Deus.

Então direi com mais exatidão vocabular que me alegro com este Prêmio. E me alegro porque este Prêmio me consola, e me alegro porque este Prêmio me compensa, em cêntuplo, de canseiras e embates, e me alegro porque este Prêmio reafirma o acerto das opções existenciais que fiz junto com Teresinha, minha mulher.

Não me sinto titular deste Prêmio. Eu o recebo em nome de muitos porque a luta, na maioria das situações, foi uma luta coletiva. Eu me lembro, neste momento, dos companheiros da Comissão "Justiça e Paz" da Arquidiocese de Vitória, a mais importante fronteira de ação com a qual me comprometi. Trago à lembrança os irmãos de caminhada nessa Comissão. Naquele espaço tão importante, num tempo de Brasil sem liberdade, partilhamos crenças, batalhas, temores, sofrimentos. Celebramos vitórias, comungamos esperanças.

Luta coletiva sempre, como disse. Mesmo na condição de Juiz de Direito... As sentenças que proferi foram pessoais, individuais porque o juiz é autor dos despachos e sentenças que prolata. São estes de sua exclusiva responsabilidade. Só nos tribunais os julgamentos são coletivos, tomados por maioria de votos. Entretanto, mesmo como Juiz de Direito sempre tive colaboradores. Não teria sido possível, por exemplo, desenvolver, no interior do Estado do Espírito Santo, iniciativas sociais de amplas conseqüências, sem o apoio e o devotamento de um pugilo de cidadãs e cidadãos que, gratuitamente, dispunham-se a colocar tempo, talento e vida a serviço de um mundo mais justo. Lembro-me especialmente, neste instante, de todos aqueles que colaboraram para

Movimentos Sociais e Direito

que fosse vitoriosa nossa Fé na ressocialização de presos, com ampla substituição da prisão por medidas menos coercitivas, numa época em que nem havia a expressão "penas alternativas". Lembro-me dos que comigo se esforçaram para que se tornasse realidade a portaria determinando a matrícula compulsória de crianças na escola, portaria que se dirigia sobretudo ao Poder Público impondo-lhe a contrapartida de garantir vagas para as crianças matriculadas. Essa portaria, que o apoio comunitário tirou do papel, gerou a absorção, pelo sistema escolar, de uma expressiva faixa de população infantil que estava condenada à marginalização educacional e social.[117]

Abstraindo a condição de homenageado, penso que a criação de um Prêmio como este merece aplauso. Toda iniciativa que se dirige a valorizar os serviços prestados à dignificação do ser humano contribui para o avanço da cidadania, no Brasil.

Estamos num tempo em que se invertem valores. Estamos num tempo em que a medida do mérito não está nos dotes de espírito e nas virtudes da alma mas no sucesso econômico, no poder acumulado, sem qualquer referência aos caminhos seguidos para alcançar as ilusórias eminências.

Por esta razão, está de parabéns o Centro Heleno Fragoso, não apenas em criar o Prêmio Heleno Fragoso, na categoria "nacional", mas também por instituir a mesma láurea em caráter regional, para destacar aqueles que, no Estado do Paraná, prestaram o testemunho de sua vida e dedicação em favor da defesa e do engrandecimento da condição humana.

---

[117] Essa portaria gerou um aumento de 35% na matrícula escolar, em São José do Calçado, comarca localizada no sul do Espírito Santo. Conferir: a) João Baptista Herkenhoff. *Pela Justiça, em São José do Calçado*. São José do Calçado/ES, 1971. Impresso na Escola de Artes Gráficas da União de Lavradores de Vala do Souza; b) João Baptista Herkenhoff. *Justiça, direito do povo*.Rio Thex Editora, 2002 (2a ed.); João Baptista Herkenhoff. *Crime, Tratamento sem Prisão*. Porto Alegre, Livraria do Advogado Editora, 1998 (3a ed.).

Pediram-me os promotores deste evento que proferisse nesta noite uma palestra sobre o tema: "A cultura da paz e da cidadania no século XXI – integração sem exclusões".

Sobre este tema tentarei colocar alguns pontos de reflexão, prevenindo de imediato que não esgotam o assunto, mas pretendem apenas contribuir para que sobre ele nos debrucemos.

6.2. Indagações preliminares

O que é uma "cultura da paz e da cidadania"?

O que é uma "cultura da paz e da cidadania, endereçada ao século XXI"?

Até que ponto essa "cultura da paz e da cidadania, endereçada ao século XXI", reclama uma "integração sem exclusões"?

Com a reflexão que se segue, tentaremos contribuir no sentido de que se encontrem ou, pelo menos, se busquem respostas para essas indagações.

6.3. A cultura da paz e da cidadania

A cultura da paz e da cidadania suplanta o acolhimento constitucional e legal dos valores "paz" e "cidadania".

A paz e a cidadania, como valores, alimentam a Constituição brasileira de 1988, como também as Constituições dos países latino-americanos.

A paz e a cidadania são valores presentes na Declaração Universal dos Direitos Humanos e na Declaração Americana de Direitos e Deveres do Homem.

A paz e a cidadania estão consagradas nos pactos internacionais firmados pelo Brasil e firmados também por nossos vizinhos de América Latina.

Mas a cultura da paz e da cidadania suplanta a força dos pactos que sejam firmados pelas nações.

Movimentos Sociais e Direito

A cultura da paz e da cidadania é mesmo mais efetiva que os mecanismos de fiscalização e controle que sejam estabelecidos para fazer que vigore a paz e seja a cidadania respeitada.

Consagração constitucional e legal, celebração de pactos, instituição de mecanismos de controle – tudo isso é importante na defesa da paz e na luta pela cidadania.

Entretanto, a nosso ver, uma *cultura da paz e da cidadania* é decisiva para a vigência efetiva e plena desses valores, no mundo, na vida concreta dos povos. Ou dizendo de outra forma: Constituição, leis, pactos, mecanismos controladores exigem como pressuposto uma "cultura da paz e da cidadania".

Essa cultura da paz e da cidadania planta-se na consciência dos seres humanos, resulta de uma busca da inteligência e da vontade.

Cultura da paz, devotamento à paz, absorção da idéia da necessidade da paz, disseminação do sentido de paz em todo o organismo social, em nível nacional e em nível internacional – este é o desafio que cabe enfrentar.

Como condição e conseqüência de uma "cultura da paz" cabe, igualmente, lutar pela instauração e solidificação de uma "cultura da cidadania".

6.4. Como criar uma cultura da paz e da cidadania?

A meu ver, uma cultura da paz e da cidadania pede um imenso esforço de educação. Trata-se de uma empreitada específica, direcionada a um objetivo escolhido, ou seja "educar para a paz e a cidadania", educar para o florescimento, a manutenção e a defesa da paz, educar para a conquista da cidadania e pelo zelo na preservação da cidadania. Ou de maneira ainda mais incisiva – o que se deve pretender é a educação para plasmar na alma das pessoas, dos grupos sociais, dos povos uma cultura da paz e da cidadania radicada no inconsciente coletivo.

Esse esforço educacional terá, necessariamente, diversas fronteiras de militância: na escola, na família, nas igrejas, nas organizações da sociedade civil, nos meios de comunicação social.

6.5. A guerra e a paz

Temos refletido longamente, nos nossos livros,[118] palestras, participações em congressos[119] sobre o tema da guerra e da paz. A preocupação com a Paz, como valor universal, alimenta nosso ideário, desde a infância.[120]

Guerra e paz, paz e guerra, uma permanente contradição na história humana.

Guerra é conflito, paz é convivência. O sentido de paz, contudo, não se esgota na ausência de guerra. Há de a paz estar alicerçada numa soma de valores positivos que sobrelevem de muito a simples ausência de guerra.

Há toda uma ideologia da guerra. Há todo um pensamento humano construído sob uma mística de

---

[118] Conferir: a) Direito e Utopia. Porto Alegre, Livraria do Advogado Editora, 2001 (4ª edição revista e atualizada); b) Direitos Humanos - a construção universal de uma utopia. Aparecida (SP), Editora Santuário, 2002 (3ª edição); c) Direitos Humanos – uma idéia, muitas vozes. Aparecida (SP), Editora Santuário, 2002 (3a edição); d) Gênese dos Direitos Humanos. Aparecida (SP), Editora Santuário, 2002 (2ª edição); e) Para onde vai o Direito? Porto Alegre, Livraria do Advogado Editora, 2001 (3ª edição).

[119] Apresentamos a comunicação "Os Direitos Humanos e a Paz", perante o XX Congresso de Sociologia promovido pela Associação Mexicana de Sociologia, na Cidade do México (junho de 1978) , tendo como tema a questão da Paz. Nosso trabalho foi publicado na *Revista de Informação Legislativa*, Brasília, ano 15, nº 60, outubro- dezembro de 1978.

[120] Criança ainda, em Cachoeiro de Itapemirim, datilografei para meu Avô materno – Pedro Estellita Carneiro Lins – os originais de dois livros que ele escreveu. O primeiro livro foi "A Civilização e sua Soberania", defendendo justamente a idéia de que a Civilização, o entendimento, o respeito recíproco entre as Nações deve reger a História humana. O caminho não é a barbárie, a opressão, a prepotência. O segundo livro foi "O Sol do Pacifismo", um complemento poético do primeiro livro. Digo "um complemento poético" porque, em seguimento às teses jurídicas do primeiro livro, o segundo livro aponta para a Paz como expressão do Bem e da Beleza a luzir nos horizontes do futuro.

Movimentos Sociais e Direito

guerra. Hsu Hsing e Han Fei, na China antiga; Heráclito, Trasímaco e Górgias, na tradição da cultura grega; Pierre Dubois, na Idade Média; Maquiavel, Hobbes, De Maistre, Von Clausewitz, Von Steinmetz, Gumplowicz, Nietzsche, na Idade Moderna, são ideólogos da guerra. Dentro da perspectiva desses pensadores, ou se vê a guerra como fenômeno social inerente ao homem, integrante do curso da História, ou se vê mesmo na guerra a força construtiva do progresso.

Em contraposição aos defensores da guerra, há também todo um sistema de pensamento de crença na paz, de exaltação da paz: Confúcio e Mêncio, na mais antiga cultura chinesa; Jeremias e Isaías, na tradição hebraica; Hípias de Élis, na velha Grécia; Voltaire, Rousseau, Kant, Bentham, Tolstoi, na época moderna; Gandhi, Bertrand Russell, Karl Jaspers, Jean Paul Sartre, Albert Camus, na História Contemporânea; Dom Hélder Câmara e Herbert de Souza (Betinho), no Brasil contemporâneo. Todos estes são ilustres representantes da ideologia pacifista.

É certo que a guerra, incentivando a pesquisa intensa, apelando para o sacrifício que o sentimento de pátria pode impor, produz invenções, progresso científico e benefícios que se projetam para além da guerra, nas épocas de paz. Mas a guerra também destrói, não só vidas, mas cultura humana, o produto do trabalho, da sensibilidade, da criatividade de muitas gerações. E a guerra deixa ódios, ressentimentos que se arrastam pelo tempo, criando tensões que se perpetuam.

6.6. Paz – mística que se cultiva, utopia que se constrói

Paz, ausência de guerra, é simples trégua ou armistício, descanso para novos conflitos. É, sob alguns aspectos, fenômeno social pobre, sem a força geradora da guerra.

A paz é obra da Justiça. Exige a instauração de uma ordem social na qual os homens possam realizar-se como pessoas humanas, com sua dignidade reconhecida, agentes de sua própria história. Uma paz autêntica reclama luta, espírito criativo, conquista permanente. É expressão de uma real fraternidade entre os seres humanos.

Há de se criar, no mundo, uma mística da paz. Um sentido de paz tão profundo, um ideal de paz tão rico que seja mais causador de progresso do que a própria guerra. Mística de paz que leve o gênero humano às metas do desenvolvimento, pela cooperação, da mesma forma que a mística da guerra leva ao desenvolvimento pela competição. Mística de paz que não destruirá vidas, monumentos, trabalho e cultura, nem produzirá ódios e mágoas.

Urge eliminar barreiras e desconfianças entre homens de nacionalidades diferentes, de raças diferentes, de culturas diferentes. Há que se minar pelo diálogo, pela abertura das fronteiras, pela correspondência internacional, pela internet, pelo intercâmbio universitário, pela circulação de livros e idéias, por congressos internacionais, pelo turismo, pela franquia da casa e da mesa ao estrangeiro, tudo isso sem qualquer espécie de discriminação – toda essa gama de preconceitos que pretendem erguer como valores universais aqueles valores que são apenas fruto de uma cultura nacional. Há que se promover o aperto de mãos, em todas as direções e latitudes, suprimindo-se medidas que visem a ilhar culturas e regimes, conduta discriminatória e injusta da qual o mais flagrante exemplo encontra-se no isolamento político e econômico a que o regime e o povo de Cuba foram condenados. Povos latinos, de tradição cristã, não deveriam assumir atitudes farisaicas, nem apodar irmãos de pecadores. O anátema é nocivo, só o diálogo constrói.

Movimentos Sociais e Direito

Façamos o intercâmbio humano e cultural, não façamos a guerra; façamos a ceia de irmãos, num mundo solidário, não façamos a guerra.

6.7. Cidadania, direitos humanos, paz

A Carta das Nações Unidas proclamou que não haverá paz e segurança no mundo enquanto existirem a opressão e a miséria.

As novas formas assumidas pela convivência humana, no planeta, a transformação do mundo na aldeia global deram repercussões internacionais às vidas nacionais. Há uma consciência generalizada, em toda a parte, do valor da pessoa humana. O homem responde com uma nova ideologia humanista, bem mais radical do que o humanismo do Renascimento, à força contrária de massificação, de supremacia do tecnológico sobre o primitivamente humano.

O mundo já não está dividido apenas em países. A guerra já não se situa nas fronteiras nacionais. Interesses econômicos, tensões ideológicas, antagonismos de classes obrigam a celebração de pactos de convivência, não em termos de fronteiras, mas no interior das próprias nações. O desenvolvimento da informação maximizou essas novas realidades sociais.

O episódio dos aviões, conduzidos por pilotos suicidas, que se chocaram contra as torres de Nova Iorque, mostra bem claramente esta realidade. O bombardeio em massa e indiscriminado, desfechado contra o Afeganistão, em represália ao atentado, não soluciona o problema, além de ser injusto. De outro lado, a pretendida divisão maniqueísta do mundo entre "bons" e "maus" não traz qualquer contribuição à paz.

Há questões mais profundas no bojo do acontecimento. Nos Estados Unidos mesmo, alguns pensadores divergentes, como Chomsky, apontaram para causas remotas que devem ser encaradas, fugindo-se da tentação de um diagnóstico simplista e falso.[121]

A defesa dos direitos humanos, sua vigência universal integra o novo catálogo de premissas da paz. Sobretudo daquela paz que não é apenas ausência de guerra, porém fenômeno autônomo gerado por uma mística.

Dessa vigência universal dos direitos humanos resulta a cidadania nacional e a cidadania internacional, como conquista de uma civilização que se erga tendo como parâmetro o princípio do respeito à dignidade humana.

6.8. Indústria de armamentos, guerra, paz

Supomos que será difícil haver paz no mundo enquanto a indústria de armamentos constituir, como constitui hoje, peça fundamental da economia de alguns países.

A indústria de armamentos exige a guerra, da mesma forma que o tráfico de entorpecentes exige suas vítimas que são os dependentes químicos.

Estará na lógica da indústria de armamentos, como estará na lógica do tráfico de entorpecentes, criar e manter consumidores.

No caso da guerra, os consumidores são os países beligerantes, no caso de conflitos internacionais, e facções beligerantes, na hipótese de conflitos intestinos.

A indústria de armamentos, para vender armas e obter lucros, fabricará guerra onde houver paz, tecerá desentendimentos, conflitos de toda ordem, competições agressivas, de modo que sempre haja compradores de armas.

Só um controle de armas, por pressão da opinião pública internacional, e a substituição da indústria da

---

[121] Cf. entrevista à Folha de São Paulo, edição de 22 de setembro de 2001.

Movimentos Sociais e Direito

guerra por indústrias de paz apontará para o mundo um horizonte pacifista.

6.9. Cultura da paz e da cidadania, endereçada ao século XXI: uma prioridade?

O quesito "século XXI", aposto à idéia "cultura da paz e da cidadania", aponta para a discussão sobre a atualidade deste tema.

Colocando, dialeticamente, a questão sob exame:

a) a "cultura da paz e da cidadania" é uma imposição deste tempo em que vivemos.

Ou, em sentido oposto:

b) há questões mais relevantes no mundo contemporâneo. A cultura da paz e da cidadania não é uma prioridade.

6.10. Premência e atualidade de uma cultura da paz e da cidadania

A História mais recente das relações internacionais, com a acomodação de interesses russos e norte-americanos e conseqüente hegemonia inconteste dos Estados Unidos no mundo, longe está de sepultar as aspirações de Paz e Cidadania. Muito pelo contrário, o atual panorama mundial realça a atualidade desses ideais.

As formas de imperialismo e colonialismo assumiram contornos mais graves e cruéis com o acordo de interesses de grandes potências militares e econômicas. A dominação, na nova versão, é mais sutil, porém não menos injusta e lesiva aos direitos dos povos.

Os Estados Unidos da América asseguram sua condição de potência militar e econômica através de dois mecanismos complementares:

a) a força bélica incontrastável;

b) o direito que se arrogou de emitir moeda falsa com curso internacional pois o dólar, sem lastro, é, na verdade, uma moeda falsa.

João Baptista Herkenhoff

Sobre esses dois pilares, os Estados Unidos impõem sua liderança, comprometem permanentemente a paz no mundo e afrontam a cidadania dos povos gerando condições de pobreza e submissão nos países periféricos, condições essas que dificultam bastante o usufruto e o exercício da cidadania por parte ponderável da população.

É justamente dentro desse quatro que avulta a importância de uma cultura da paz e da cidadania.

Contraditoriamente, nos Estados Unidos e nos países ricos do mundo, uma parcela da opinião pública discorda dos mecanismos de opressão estabelecidos para escravizar grande parte da Humanidade. E assim, uma luta mundial pela paz, uma luta mundial pela vigência universal da cidadania encontra aliados dentro das fronteiras dos próprios países responsáveis pelas injustas estruturas de poder reinantes.

6.11. Cultura da paz e da cidadania endereçada ao século XXI: integração sem exclusões

Na América Latina em geral e, de modo particular, nos países que se localizam ao sul da América Latina, a Paz e a Cidadania impõem uma política de integração sem exclusões.

Num primeiro momento, todos os países da América Latina estariam destinados a integrar-se economicamente, culturalmente, diplomaticamente.

Temos interesses comuns a defender, nossas fronteiras devem ser fronteiras de comércio, turismo, cooperação, fraternidade e paz.

As nações latino-americanas podem constituir um contrapeso de equilíbrio na geopolítica mundial. A integração de nossas nações será um serviço à prevalência dos ideais de Justiça e Paz, em plano internacional.

De maneira particular, os países situados no sul da América do Sul são privilegiadamente chamados a uma integração ampla, pela proximidade de sua posição geográfica, pela extraordinária facilidade de intercâmbio que a simples vizinhança estabelece.

Entre nossos países pode haver comércio justo, acordos honestos, diálogo franco, cooperação – tudo encaminhado para integrar, sem excluir, desenvolver, sem oprimir. Nossas economias têm desafios comuns a enfrentar.

6.12. A questão da Globalização

No capítulo 4, tentamos demonstrar que a globalização, como vem sendo proposta, é incompatível com os Direitos Humanos.

Da mesma forma que nega os Direitos Humanos, a globalização em curso não se coaduna com um projeto de mundo fundado na paz. Isto porque negando a cidadania e os direitos humanos, desrespeitando os direitos dos povos, aprofundando as relações de dependência dos países periféricos à economia dos países centrais, essa globalização é uma forma moderna de colonialismo que desserve a solidariedade internacional e corrói a paz.

6.13. ALCA e MERCOSUL: profunda diferença

Expressiva rejeição à ALCA, como já registramos no Capítulo 4, foi manifestada pelo povo brasileiro, em setembro de 2002, no plebiscito que a Conferência Nacional dos Bispos do Brasil promoveu, com apoio de inúmeras entidades da sociedade civil.

Alguns jornais subestimaram a manifestação popular porque os mais de dez milhões de votantes representavam apenas cerca de dez por cento do eleitorado. Entretanto, como já assinalamos, se for considerado que a participação no plebiscito foi voluntária, os resultados são extremamente expressivos.[122]

---

[122] Cf. A TRIBUNA, de Vitória. Edição de 18 de setembro de 2002, p. 29.

Diferentemente da ALCA, que propõe a subordinação da economia das Américas à batuta norte-americana, o MERCOSUL pretende a integração econômica dos países.

O MERCOSUL resulta de um novo modelo de desenvolvimento adotado pelos países que o integram (Brasil, Argentina, Uruguai, Paraguai). Caracteriza-se pelo incentivo à abertura econômica e à aceleração dos processos de integração regional.

Através da abertura de mercados e do estímulo à completividade entre as economias nacionais, os quatro países que dele participam visam a obter uma mais bem posicionada inserção na economia internacional, de modo a suportar a competição desigual com economias bem mais sólidas.

O Tratado de Assunção, de 26 de março de 1991, que definiu as bases para a criação do Mercado Comum dos países sulistas da América do Sul, foi aditado por Protocolos Adicionais.

O Tratado de Assunção colocou como seus objetivos criar meios para ampliar as atuais dimensões dos mercados nacionais. Essa ampliação é posta como condição fundamental para acelerar o processo de desenvolvimento econômico com justiça social. Nos termos do preâmbulo do Tratado de Assunção, seus objetivos devem ser alcançados, dentre outros meios, mediante o aproveitamento mais eficaz dos recursos disponíveis, a preservação do meio ambiente e o melhoramento das interconexões físicas.

O MERCOSUL comporta tanto elementos de continuidade, quanto elementos de mudança em relação aos esforços de integração até hoje levados a efeito no Continente. Não é estático, mas dinâmico.

Pode, sem dúvida, ser continuamente aperfeiçoado, mas o projeto que o inspirou, a meu ver, procura salvaguardar os interesses econômicos e outros das nações envolvidas.

Movimentos Sociais e Direito

Neste alvorecer do novo milênio, quando mais se aguça o desejo de hegemonia absoluta de um único país do mundo, no plano militar, político, econômico, cultural, procurando varrer qualquer traço de independência dos países dependentes e tributários, cumpre resistir.

Resistir pela inteligência, pensamento criativo, reflexão crítica, diálogo das nações diretamente interessadas, diplomacia, conquista de aliados.

Resistir, para uma integração sem exclusões, construindo a Paz, solidificando e defendendo a Cidadania, apostando na Esperança.

7. O poder político do Judiciário

Neste capítulo, enfrentamos o tema que lhe dá título. Tratamos do poder político desempenhado pelo Judiciário, no Brasil. O ensaio abebera-se nas reflexões da Ciência Política quando procura conceituar "poder político" e "sistema político". Discorre pela História do Direito quando avista a posição que o Poder Judiciário teve nas diversas fases da vida constitucional do país. Vislumbra as sendas da Sociologia do Direito na tese, que coloca, de ser o juiz o sucessor do coronel na estrutura de poder da sociedade interiorana.

Na conclusão, o texto posiciona-se a favor da detenção de um poder político pelo Judiciário, dentro de parâmetros e critérios que legitimem e tornem socialmente útil esse papel.

7.1. O poder político

A relação política implica sempre autoridade, governo ou poder.

Harold Lasswell define ato político como aquele realizado dentro de perspectivas de poder.[123]

A atividade política – já se assinala tradicionalmente – tem uma tríplice dimensão: a conquista do poder, a manutenção do poder e o exercício do poder.

---

[123] *Apud* Robert A. Dahl. *A moderna análise política.* 2ª ed., Rio de Janeiro, Lidador, 1970, p. 17.

Movimentos Sociais e Direito

Franz Neumann demarca o poder político como "o poder social que se focaliza no Estado".[124]

O poder é a faculdade de tomar decisões ou participar na tomada de decisões, dentro de uma sociedade. O Estado não tem o monopólio do poder. Há importantes decisões, que afetam milhares de vidas, e que estão fora do controle estatal. Mas os recursos do Estado são de tal forma vultosos e a sua capacidade de premiar ou punir é tão extensa que, no mundo contemporâneo, sob qualquer sistema ou regime político ou econômico que se considere, – nenhuma instituição é fonte maior de poder do que o Estado.

O conceito de poder político acha-se vinculado ao de sistema político, eis que aquele é o que exercita dentro deste.

A reflexão conduz a concluir-se pela relatividade do conceito de poder político que, afinal, é um conceito meramente analítico, como meramente analítico é o conceito de sistema.

O sistema, como nota Brugger,

"é uma exigência da razão que em toda multiplicidade busca unidade e ordem e, na pressuposição do idealismo metafísico, é também uma exigência do ser e da realidade".[125]

7.2. Sistema social, sistema político, sistema econômico, sistema jurídico

Vê-se, freqüentemente, o emprego das expressões "sistema social", "sistema político", "sistema econômico", "sistema jurídico" e também, simplesmente, "sistema".

Numa primeira generalização, o termo "sistema social" tem um sentido mais amplo e os termos "sistema

---

[124] Franz Neumann. *Estado democrático e Estado autoritário*. Rio de Janeiro, Zahar, 1969, p. 11.

[125] Walter Brugger. *Dicionário de Filosofia*. 2ª ed., São Paulo, Herder, 1969, p. 383.

político", "sistema econômico", "sistema jurídico", um sentido mais restrito. O sistema político, o sistema econômico e o sistema jurídico seriam subsistemas do sistema social.

Quando se fala "o sistema" quer-ser significar o conjunto das instituições políticas, sociais e econômicas, com a conotação de constituir este conjunto uma estrutura organizada, coesa pelos interesses a defender.

Se para fins de análise é possível o desdobramento e a identificação de sistemas e subsistemas, na realidade percebe-se a interdependência dos sistemas, a interpenetração dos sistemas e a existência de áreas de difícil caracterização.

7.3. O sistema judiciário como subsistema do sistema jurídico

Em princípio, o poder do Judiciário é o de dizer o Direito. Seria assim o Poder Judiciário (sistema judiciário) apenas um subsistema do sistema jurídico.

O Direito emana dos centros de decisão política, resulta de deliberação legislativa. Se o Juiz ficar jungido à lei tem-se como resultado que é nenhum o poder político do Judiciário.

Para Locke, os poderes eram quatro: o legislativo, que seria o predominante; o executivo, subordinado ao legislativo; o federativo, que comandaria as relações com os Estados estrangeiros; e a prerrogativa, um complexo de poderes discricionários que deveriam ficar reservados à Coroa.[126]

O pai do Liberalismo não distinguiu, como poder autônomo, na sua concepção do Estado, um "poder judiciário".

Montesquieu cuidou do Poder Judiciário, na sua obra clássica (*O Espírito das Leis*).

---

[126] John Locke. *Segundo tratado sobre o governo*. São Paulo, Ibrasa, 1963, passim.

Entretanto, na sua concepção, esse Poder era "de certo modo nulo". Montesquieu reservava ao juiz uma função restrita e rígida. Devia ser apenas "a boca que pronuncia as palavras da lei".[127]

O Direito, enquanto norma positivada pela legislação vigente, é força conservadora do *status quo*. O juiz legalista exerce, conseqüentemente, uma função mantenedora da realidade estática, sendo suporte das forças sociais imperantes.

Se aí se esgotasse a função judicial, ou se somente assim pudesse ser ela exercida, estaria negado o tema da presente monografia, concluindo-se, praticamente, pela carência ou muito pouca expressividade de poder político por parte do Judiciário. Ou melhor: exerceria o Judiciário um papel político sim, mas subalterno, de mera sustentação do sistema e de defesa da sua imutabilidade.

A matéria, entretanto, comporta desdobramentos e ângulos de visão que se afastam desta primeira abordagem.

7.4. O Judiciário, na tradição constitucional brasileira: poder político do Judiciário

A tradição constitucional brasileira reserva ao Judiciário, sobretudo através do seu órgão de cúpula – o Supremo Tribunal Federal – o papel de guarda da Constituição.

Nessa missão, o Judiciário declara a inconstitucionalidade das leis, embora só possa agir quando provocado.

Outrossim, através do mandado de segurança o Judiciário protege, em cada caso concreto, o detentor de direito líquido e certo contra ilegalidade ou abuso de poder praticado por qualquer autoridade, sem exceção.

---

[127] Montesquieu. *O Espírito das Leis*. Introdução, tradução e notas de Pedro Vieira Mota. São Paulo, Editora Saraiva, 1987, p. 53, 54, 171 e 202.

O *habeas corpus* e a obrigatoriedade da comunicação da detenção de qualquer pessoa à Justiça, para o relaxamento *ex officio* da prisão, se ilegal, garantem a liberdade pessoal.

O *habeas corpus* alcança hipóteses que não apenas a de restaurar a liberdade pessoal como, por exemplo, nos casos em que determina o trancamento do processo ilegal ou abusivo.

A ação popular, interposta por qualquer cidadão, arma o Judiciário para o desempenho da função de anular atos lesivos: ao patrimônio público ou de entidade de que o Estado participe; à moralidade administrativa; ao meio ambiente; ao patrimônio histórico e cultural. (Art. 5º, inc. LXXIII, da Constituição Federal de 1988).

A ubiqüidade da Justiça – criação dos constituintes de 46 – é outro princípio fundamental: impede que a lei exclua da apreciação do Poder Judiciário qualquer lesão ou ameaça a direito. (Constituição de 1988, art. 5º, inc. XXXV).

Dentro do sistema jurídico nacional, longe está o juiz de ser apenas o porta-voz da lei, intérprete lógico de sua vontade.

Embora haja, em princípio, uma vinculação do juiz à lei, norma contida na própria Lei de Introdução ao Código Civil abranda o preceito quando estatui que "na aplicação da lei, o juiz atenderá aos fins sociais a que ela se dirige e às exigências do bem comum".

Disse Triepel que "a lei não é sagrada; só o Direito é sagrado".[128]

Observou Homero Freire: "A lei revela o Direito; mas nem sempre o faz bem; padece da imperfectibilidade humana".[129]

---

[128] *Apud* Homero Freire. "A Justiça e o tempo". In: *Jurídica*. Rio de Janeiro, nº 117, p. 200 e segs.

[129] Homero Freire, ib.

Movimentos Sociais e Direito

O grande Couture deu o norte em preceito lapidar: entre a lei e a Justiça, quando em conflito, o juiz ficará sempre com a Justiça.[130]

Cabe ao Judiciário zelar pela coerência do sistema jurídico. O controle constitucional das leis é um dos instrumentos para o exercício desse poder. Mas não se exaure aí a vigilância do juiz. Mesmo entre normas de igual hierarquia, quando em atrito, há de buscar o juiz a harmonia realçando os valores da Justiça, na ânsia de atender os reclamos sociais.

Sem desprezo pelos métodos tradicionais de interpretação da lei (literal, histórico, lógico, sistemático, teleológico), relevo deve ser dado à interpretação sociológica que dá margem a um julgamento valorativo do Direito. Dentro de uma postura sociológica o juiz poderá imprimir rumos muito mais criativos à jurisprudência, atento à dinâmica da vida social.

Em todos os casos arrolados neste tópico, exerce o Judiciário poder político: ou se trata do cumprimento de atribuições destinadas a fazer com que o juiz interfira, efetivamente, nas forças de comando social; ou se trata de espécies em que o julgador se distancia da aplicação pura e simples da lei, substituindo sua decisão à decisão do legislador. São situações em que a atuação judicial, sem fugir de repercutir no sistema jurídico, repercute também no sistema político: decisão política, poder político.

7.5. O juiz como sucessor do coronel, na estrutura de poder da sociedade interiorana

Numa monografia em que se pretende estudar o poder político do Judiciário, o autor não poderia omitir sua longa vivência como juiz do interior, no Estado do

---

[130] Eduardo J. Couture. Introdução ao Estudo do Processo Civil. Tradução de Mozart Victor Russomano. *Apud* Francisco Raitani. *Prática de Processo Civil.* São Paulo, Saraiva, 1968.

Espírito Santo, razão pela qual focaliza aqui a presença do juiz na estrutura do poder político local.

O Juiz tornou-se uma figura altamente significante, dentro da sociedade brasileira interiorana, no decorrer do Século XX, a partir da terceira década do século. A principal causa dessa ascensão foi o processo de modernização das estruturas legais do país, que provocou a perda gradual de poder dos coronéis e criou a necessidade de adaptar a lei (urbana, visando a uma sociedade em desenvolvimento) ao meio socialmente tradicional do interior.

A importância política do juiz, no interior brasileiro, não pode ser examinada à luz apenas do Direito Constitucional ou do Direito Processual: não são os diplomas legais que fazem do juiz uma figura relevante, na sociedade interiorana. Razões históricas, jurídicas, sociológicas e políticas é que vão explicar a proeminência alcançada pelo papel do juiz, nas comunidades do interior.

Aplicando o Direito em tese aos casos concretos, o juiz efetiva a lei e, no interior, é um mediador entre a cultura dos grandes centros e a cultura local. Tendo, outrossim, fortes raízes no interior o Direito pátrio reencontra, através dessa aplicação, algumas de suas origens. O Direito formal, elaborado nos centros de decisão nacional, sofre uma metamorfose quando levado à sua aplicação, pelos juízes, no interior. Essa aplicação contribui para o ajustamento do Direito nacional formal ao Direito não-formal, marcado por peculiaridades locais, aproxima o Direito da realidade social e reduz o abismo entre os símbolos do legislador e os do povo, sobretudo os do povo interiorano. O juiz cria um elo de compreensão entre a linguagem da lei e o entendimento dela pelos seus destinatários. Transmite ao povo os valores consubstanciados no sistema jurídico do país, mas também absorve, na administração da Justiça, os valores imperantes na comunidade. Diminui o desequi-

Movimentos Sociais e Direito

líbrio entre a realidade social do interior e o sistema jurídico nacional.

No desempenho dessa função de mediação cultural, exerce o juiz poder político: adapta a lei à realidade interiorana, refazendo o discurso do legislador, e interfere no conflito das classes rurais, minimizando a dominação do coronel, por tê-lo suplantado, no esquema de poder locar.[131]

7.6. Critério para o exercício do poder político, pelo Judiciário

Que critério deve orientar o Judiciário, no exercício do poder político? Critério político ou critério jurídico?

Em face do poder político do Judiciário, da interdependência entre o Direito e as outras Ciências Sociais, – as repercussões não–jurídicas das decisões devem ser apreciadas, desde que não se sacrifiquem os valores mais altos que enobrecem a toga e desde que decisões de fundamento político não se estribem em motivos subalternos, o que seria incompatível com a função histórica, quase sacral, do Judiciário, mas tenham em vista os superiores interesses do bem comum.

7.7. Validade da detenção de um poder político, pelo Judiciário

A Justiça, sobretudo a da primeira instância (ou do primeiro grau), a meu ver tem sido, numa visão global da realidade brasileira, mediadora de culturas e mediadora entre o legislador e o povo na efetivação da Lei.[132]

---

[131] Cuidei, amplamente, deste tema no livro *A Função Judiciária no Interior*, considerado uma pesquisa pioneira, pela crítica. Ver: *A Função Judiciária no Interior*. São Paulo, Resenha Universitária, 1977. Dei nova feição à referida pesquisa no livro *O Direito dos Códigos e o Direito da Vida*. Porto Alegre, Sérgio Antônio Fabris Editor, 1993.

[132] *Cf. O Direito dos Códigos e o Direito da Vida, citado*. No interior, como se verifica na pesquisa aqui referida, percentual altamente expressivo da amostra (82,9 contra 8,1%) tem o juiz como força de equilíbrio na sociedade. Na

O juiz, como pessoa, ainda goza de respeitabilidade, sobretudo no interior, onde a prestação jurisdicional atende melhor às aspirações do povo. Essa respeitabilidade sofre um decréscimo muito grande nas comarcas onde juízes transgrediram a ética porque essa herança negativa transmite-se a sucessores de magistrados que não souberam honrar seu cargo. Se o juiz, nas comarcas historicamente ocupadas por magistrados dignos, tem a seu crédito reputação, acolhimento e prestígio, o mesmo não ocorre com a Justiça, como instituição. A Justiça anda muito desgastada, principalmente por causa da morosidade do processo, da inadequação de praxes e procedimentos antigos a um tempo novo, da permanência do sistema medieval de cartórios e a outras causas.[133]

Note-se também que, não obstante a magistratura seja constituída de espíritos predominantemente conservadores, a jurisprudência, em muitos temas, tem sido inovadora,[134] em comparação com a legislatura, desde a primeira até a última instância. Registrem-se, apenas para exemplificar, algumas situações que podem ser observadas ao longo do tempo: reconhecimento de direitos à companheira; ampliação da faixa de casos de

Capital (Vitória, ES), apenas 51,7% dos respondentes vêem o juiz como força de equilíbrio social contra 34,5% que negam o desempenho desse papel pelo juizes. Ver também *A Função Judiciária no Interior*. São Paulo, Resenha Universitária, 1977.

[133] Na pesquisa sócio-jurídica empírica *A Função Judiciária no Interior*, constatou-se que a maioria dos respondentes, no interior, vê o Juiz como julgador neutro, nas questões trabalhistas e de colonos (38,4%); se pende, é para o trabalhador (18,4%) e não para o patrão (11%). Não acha a maioria que juiz honesto seja raro (53,5 contra 29,7%) e nem visualiza o juiz como tendo poder demais (56,5 contra 33,2%). No interior, as maiores reservas à Justiça são a demora dos processos e as excessivas despesas de cartório. Na capital a maior crítica recai na demora dos processos e na pouca credibilidade das testemunhas. Cf. p. 71.

[134] Organizada uma escala de conservadorismo, verificou-se que a maioria dos juízes do interior do Espírito Santo é moderadamente conservadora (71,1% do total), colocando-se numa posição intermediária entre um grupo de juizes liberais e reformistas (10,5%) e outro grupo de juizes muito conservadores (18,4%). *A Função Judiciária no interior*, citado, p. 115.

Movimentos Sociais e Direito

anulação de casamento; extensão do *habeas corpus* além da definição constitucional e legal; humanização de preceitos do Código Penal; adequação do Direito Nacional à realidade local.

O exercício, pelo Judiciário do poder político tem sido, na medida das possibilidades ditadas pelas contingências e numa perspectiva histórica, de tendência moderadora, contribuindo para o equilíbrio de forças sociais em choque, sobretudo nos juízos de primeiro grau. Se maior não tem sido a contribuição do Judiciário para a transigência – que é um imperativo do pluralismo ideológico, político, social –, isso se debita, não ao Judiciário, mas a centros de decisão política que têm, em determinados momentos da vida nacional, subtraído ao exame do Poder Judiciário questões que, nessas oportunidades, têm sido definidas como defesas à apreciação judicial.

Em face desses pressupostos, parece-me válida a detenção de poder político, por parte do Judiciário.

Um poder permanente, de longa tradição, cercado de garantias, integrado por indivíduos que ainda gozam de conceito (salvo hipóteses altamente censuráveis), armado para fazer prevalecer os valores do pacto social consubstanciado na Constituição, – pode exercer papel político da maior importância, garantindo o pluralismo social, tutelando os direitos humanos reclamáveis pela via dos tribunais e servindo como poder moderador e de equilíbrio no conflito dos interesses e valores que caracterizam a sociedade.

7.8. Papel do Judiciário no modelo político brasileiro

Sempre que se discute sobre a adoção de um modelo político para o Brasil, creio que não se deva pensar nunca em reduzir a competência judicial. Os princípios tradicionalmente consagrados – ubiqüidade da justiça, mandado de segurança sem restrições, *habeas corpus* sem limitações – devem ser mantidos.

Não me parece, outrossim, que deva ser criada uma Corte Constitucional para exercer, especificamente, o papel de guarda da Constituição, tese que José Luiz de A. Mello defende em livro.[135]

O Supremo Tribunal Federal tem a seu crédito uma tradição e não deve perder sua atribuição magna que é, justamente, a de corte constitucional.

O que deve continuar a ser feito é reduzir a carga de processos a serem submetidos ao Supremo Tribunal, com a ampliação da competência de outros tribunais federais.

Se o aparelho judiciário for devidamente atualizado, inclusive com a especialização de novos ramos da Justiça (como a Justiça Agrária, cuja criação defendemos em outro capítulo deste livro), o amparo judicial ao indivíduo deve ser maior e maior também o campo de conflitos cuja competência ao Judiciário deve caber.

Pode e deve a Justiça desempenhar, no país, um papel muito mais criativo do que tem sido desempenhado. O juiz está mais rente ao fato social que o legislador; o juiz da primeira instância, mais rente ao fato social que os tribunais. A adequação da Lei ao fato social, a mediação entre o Legislador e a vida, a representação, na sentença, dos valores populares – são desafios que cabe à magistratura enfrentar.

Esse posicionamento do Judiciário, dentro da sociedade brasileira, choca-se com a realidade do país.

Na verdade, haveremos de reconhecer que a Justiça não tem cumprido sua finalidade, deixando muito a desejar. Integrante da Justiça, como magistrado, embora aposentado (mas quem foi rei nunca perde a majestade), um dever fundamental de inteligência e retidão de propósito é enxergar a realidade.

---

[135] José Luis de A. Mello. *Da separação de poderes à guarda da Constituição*. São Paulo, Revista dos Tribunais, 1968.

Movimentos Sociais e Direito

Não é bom o conceito do povo sobre a Justiça. Bem melhor é o conceito do povo sobre os juízes. O juiz ainda é uma pessoa. A Justiça é uma máquina colossal, excessivamente burocratizada, que devora o indivíduo.[136]

A morosidade da Justiça, o alto custo do processo, a diferença de tratamento entre ricos e pobres, a pouca credibilidade das testemunhas (sobretudo nas grandes cidades), o desinteresse de muitos advogados na defesa dos pobres, o descuido dos poderes constituídos no zelo com que deveria ser tratada a Defensoria Pública, a freqüente remoção dos juízes (no interior), a não resistência nas Comarcas – são algumas das críticas do povo ao aparelhamento judicial.[137]

É partir da verdade, se o propósito for corrigir e melhorar.

A Justiça não está suficientemente equipada nem para atender os reclamos mínimos; não se fale dos maiores, de alargamento da tutela judicial. Não vejo que a Justiça, como aí está, possa contribuir para a modernização da sociedade brasileira nem atuar como agente de mudança.

O papel proposto para o Judiciário, neste capítulo, supõe alterações profundas na Justiça e ingente esforço

---

[136] Indagado se ricos e pobres são tratados com igualdade pelos juízes, 37,8% dos respondentes do interior disseram "sim, sempre"; 44,4% disseram "sim, às vezes", 7,7% disseram "sim, raramente", e 10,7% disseram "não, nunca". Indagado se ricos e pobres são tratado com igualdade pela justiça, 24,1% dos entrevistados responderam "sim, sempre"; a resposta "sim, às vezes", obteve a adesão de 35,6% da amostra; 12,6% dos respondentes optaram pela alternativa "sim, raramente"; e 27,8% disseram "não, nunca". Cf. *A função judiciária no interior*, citado, p. 189.

[137] 66,8% dos respondentes, no interior, e 87,9% na capital, acham que os processos sempre demoram demais; 58,4% dos entrevistados no interior e 60,3%, da capital, pensam sempre que as despesas de cartório são excessivas; 59,9% da amostra, no interior, e 74,1% na Capital , acham que não se pode ter confiança nas testemunhas; 59,4% dos respondentes, no interior e 63,8%, na Capital, acham que os advogados não se interessam pela defesa dos pobre; 71,9% das respostas, no interior, afirmam que os juízes não ficam o tempo suficiente na mesma comarca para conhecer a realidade local. Cf. *A Função Judiciária no interior*, citado, p. 217 a 221.

no que se refere à seleção e aprimoramento do quadro de juízes.

Não pode a Justiça ficar escravizada a princípios caducos, mantendo, por respeito a filigranas doutrinárias, procedimentos que atravancam a prestação jurisdicional.

Relativamente ao esforço de aperfeiçoamento da própria magistratura, cumpre assinalar que já não satisfaz às exigências de hoje o juiz afeito apenas às leis e aos códigos, bitolado a uma concepção dogmático-normativa do Direito, sem abertura, pelo menos, às Ciências Sociais. Juízes que sejam possuidores de sólida formação geral e jurídica, dotados de uma visão multidisciplinar do Direito, sociólogos e humanistas – juízes assim é que poderão estabelecer, na sentença, o encontro entre o Direito e o povo, um Direito para o povo e nunca um Direito que anestesie o povo como na visão trágica de Thurman Arnold.[138]

Se mudanças forem operadas na Justiça – mudanças profundas, creio que o Judiciário possa desempenhar um papel renovador e progressista, possa exercer, com eficácia, um poder político, ou seja, um poder de participação nas decisões nacionais e na fixação de rumos para a transformação da sociedade brasileira.

---

[138] Thurman W. Arnold. *El derecho como simbolismo*. (Extractos de Thurman W. Arnold, *The Symbols of Government*, Harcourt, Bruce and World, p. 33/70, 1962).

Movimentos Sociais e Direito

8. Empresa, comunidade humana

Este capítulo defende a proposta de que sejam as empresas autênticas comunidades humanas. Longe está, obviamente, esta idéia daquilo que o neoliberalismo adota.

A empresa vista como comunidade humana é a empresa que se constitui em comunidade de vida, trabalho, partilha, crescimento. Em vista do utilitarismo e do pragmatismo difundidos como ideologia irrecusável, este texto pode parecer utópico, no sentido de desligado da realidade. Mas é esta mesmo a tese que o capítulo defende – uma revolução na vida das empresas.

O Direito há de responder ao projeto de empresa como comunidade humana. O Direito há de aceitar o desafio de contribuir, com a parte que lhe toca, para que se construam empresas inspiradas no solidarismo.

8.1. Na contramão do neoliberalismo

O discurso neoliberal pretende estabelecer o lucro como o objetivo das empresas. Melhor empresa é a empresa mais rendosa. Melhor empresário é aquele que produz dividendos.

Mesmo quando fala em relações humanas na empresa, o neoliberalismo vê as relações humanas como um instrumento de eficiência econômica. Num clima de relações humanas adequadas – é a visão pragmática do neoliberalismo – o trabalhador produz mais e o empresário aufere lucros maiores.

Movimentos Sociais e Direito

Dispensa de empregados, mesmo dispensa em massa, mesmo dispensa de jovens dos quais se retira a esperança no futuro, mesmo dispensa de velhos dos quais se rouba a crença na própria validade da vida – tudo isso afinal de contas resume-se numa palavra: "política de pessoal", ou "enxugamento da empresa", ou "lucro".

Este texto está na contramão do neoliberalismo. Este texto pretende ser demonstrativo da absoluta ausência de ética que caracteriza o pensamento neoliberal.

À idéia de empresa como fonte de lucro, de empresa que se justifica por si mesma, este capítulo contrapõe a tese da empresa que deve ser, antes de mais nada, uma comunidade humana.

Com a inclusão deste texto no livro, acolho sugestão de diletos discípulos que entenderam não pudesse faltar, numa obra como esta, um capítulo que cuidasse da "ética nas empresas" e tentasse pistas para ver como o Direito se deve portar em face da proposta de fazer das empresas – comunidades humanas.

8.2. O dom da palavra, o silêncio é omissão

Socorro-me de Michel Quoist, que li na juventude, e digo, no íntimo do coração, um dos seus "Poemas para rezar":

"A palavra, Senhor, é uma graça, nem tenho o direito de calar-me por orgulho, covardia, ignorância ou medo do esforço.
Os outros têm direito à minha palavra, à minha alma.
E ninguém mais, senão eu, Senhor, a poderia dizer.
Tenho uma frase a pronunciar, curta, cheia de minha vida,
Esquivar-me não posso.
Mas as palavras que lanço têm de ser palavras verdadeiras. (...)
Faze, Senhor, que minha palavra seja uma semente.

E os que recebem minhas frases possam contar com uma bela seara".[139]

8.3. O mistério do livro, o convite ao diálogo

O livro é um mistério. Quem o escreve não sabe em que mãos ele vai cair. Há o leitor que, numa biblioteca ou numa livraria, folheia o livro, lê o que lhe interessa, colhe aqui, colhe ali, sem seguir, de forma alguma, o plano dado à obra pelo autor.

Que leitor lerá, com especial interesse, este capítulo?

Espero que algum empresário – pequeno, médio ou grande – tenha sua atenção despertada para o que este texto possa dizer.

Trabalhadores, das mais diversas áreas, que mourejem ou mourejaram em empresas, sujeitos às vicissitudes apontadas nestas considerações (foram despedidos ou temem uma dispensa imotivada) também podem querer fazer companhia ao autor, nas reflexões que pretende desencadear.

Contabilistas, bancários, estudantes de Direito, Filosofia, Ciências Econômicas, professores, religiosos – aventuro-me a dizer que este capítulo pretenderia alcançar uma gama variada de inteligências.

São vidas que, partindo de pontos diferentes, vão projetar-se nas mais diversas direções.

Gostaria de estabelecer, neste capítulo, um diálogo amplo.

8.4. Uma palavra especial para o contabilista

Penso, por exemplo, no contabilista, este profissional que, dentro da empresa, tem uma visão ampla de tudo que acontece e pode acontecer.

---

[139] Michel Quoist. *Poemas para rezar*. São Paulo, Livraria Duas Cidades, 1959, p. 86 e 87. Tradução de D. Lucas Moreira Neves. Ganhei este livro de minha esposa, quando ainda éramos namorados (maio de 1960). Viemos a conhecer, pessoalmente, o autor, na França, em 1991, pouco antes de seu falecimento.

Na pequena e na média empresa, sua presença é atuante. Quando competente, é ouvido com respeito. Pouca gente, dentro de uma empresa, tem condições de ter uma visão tão clara, quer do particular, quer do geral.

Os contabilistas e contadores são os olhos e os ouvidos das empresas.

Quem fez da Contabilidade seu ofício esteja certo de que elegeu para a vida uma das mais belas ocupações.

A Contabilidade, num sentido amplo, consiste em princípios, regras e processos técnicos, por meio dos quais os dados econômicos e financeiros de uma empresa ou do próprio Poder Público são reunidos, classificados, registrados e, periodicamente, verificados e expostos a bem das partes interessadas. A função principal da Contabilidade é manter em dia o registro de toda a vida econômica e financeira das empresas, tornando possível a coleta rápida e exata das informações necessárias à administração de empreendimento industrial, comercial ou agrícola.

A Contabilidade é o alicerce do planejamento e a matéria-prima dos estudos sobre mercado, racionalização do trabalho e administração em geral. A empresa, mesmo aquela de proporções limitadas, não pode prescindir de excelente escrituração contábil.

Ao lado de ser ciência, e ciência hoje em dia complexa, devido ao grande impulso que tomou a produção industrial e a troca mercantil, a Contabilidade é também uma arte, e arte atraente, que exige muitas vezes a paciência do beneditino.

O contabilista, na busca da exatidão numérica, do equilíbrio das colunas de débito e crédito, faz da pena um buril e imita, na perfeição das contas, aquela perfeição, harmonia e equilíbrio com que Deus construiu o Universo.

Mas pode também o contabilista, pelo amor da forma, no fascínio que sobre ele exerça a beleza do exato, esquecer-se do fundo, esquecer-se de que, afinal, a contabilidade organiza o mundo econômico, mas atrás do mundo econômico existe o homem, o homem de alma imortal, sensível, chefe de família, Pai, Mãe, doente muitas vezes, o homem que sedento pede água, aquela água que sacia as mais profundas aspirações do espírito humano, conforme disse Jesus à samaritana.

Guarde o contabilista, que tantas vezes ocupa uma posição de liderança nas empresas, esta idéia fundamental: a empresa é uma comunidade humana.

8.5. Empresa, comunidade humana

Comunidade é o agrupamento que se caracteriza por uma forte coesão, baseada no consenso espontâneo dos indivíduos. A empresa é uma comunidade humana, vale dizer, a empresa é uma instituição em que os homens devem dar-se as mãos.

Por dois caminhos poderemos atingir o alvo colimado de transformar as empresas em comunidades humanas: pelas reformas estruturais e pelas relações humanas no trabalho.

Da reforma estrutural da empresa, disse João XXIII:

"Deve-se tender para que a empresa se torne uma comunidade de pessoas, nas relações, nas funções e na situação de todo o seu pessoal".[140]

Deve-se tender, – disse o saudoso Papa, – de onde se conclui que a reforma estrutural das empresas será fruto de um avanço, uma construção.

E que vem a ser essa reforma estrutural, que transformará a empresa numa comunidade de pessoas?

É, talvez, um sonho do porvir.

O comunitarismo ou solidarismo, doutrina que pretende a transformação da empresa, da vida econômica, das estruturas sociais, fundamenta-se numa concepção

---

[140] João XXIII. *Mater et Magistra*. Rio, Livraria José Olympio, 1963, p. 83 e seguinte. Tradução de Luís José de Mesquita. Introdução de Alceu Amoroso Lima.

Movimentos Sociais e Direito

solidária do mundo, isto é, na idéia básica de que os homens não foram postos na terra para se devorarem uns aos outros como lobos vorazes, mas para mutuamente se ajudarem e construírem uma civilização humana e fraterna.

No setor da empresa, a doutrina solidarista pretende fazer de cada unidade industrial, comercial ou agrícola, aquela comunidade de pessoas "nas relações, nas funções e na situação de todo o pessoal", como disse o insigne João XXIII.

O advento do solidarismo implicará na superação do regime de salário, com a integração dos trabalhadores à empresa, pela participação na propriedade, na gestão e nos lucros dos estabelecimentos.

Ao lado das reformas de estrutura, um caminho bem menos cheio de dificuldades práticas, pode também fazer com que a empresa se aproxime do ideal de se constituir numa "comunidade humana".

Refiro-me às relações humanas no trabalho, programa de ação que consiste em impregnar de compreensão, abertura de alma, diria mesmo de ternura, o ambiente dos bancos, das fábricas, do comércio.

Relações humanas autênticas, eticamente desejáveis, não têm origem e finalidade utilitárias. Muito longe disso, baseiam-se na dignidade da pessoa humana, que deve ser tratada com lealdade, sinceridade e cordialidade. As relações humanas devem tender para uma etapa associativa, através do respeito e do diálogo, dando responsabilidade aos trabalhadores, na marcha da empresa, e tratando-os como seres humanos, e não como coisa. Afinal, os trabalhadores são os verdadeiros criadores da riqueza.

8.6. Transformar o mundo em que vivemos, não importa o lugar em que nos encontramos

Isto de melhorar as relações humanas não se refere apenas às empresas e vale a digressão, para aproveitar o ensejo. Todos nós devemos atuar no mundo em que vivemos. No que tange às relações humanas, todos podemos, através da simpatia pessoal e do "respeito ao outro" tornar o mundo um pouco melhor.

Meditando sobre este fato, Michel Quoist escreveu uma das mais belas páginas dos seus "Poemas para rezar". É o poema "O tijolo":

"O pedreiro deitava o tijolo na camada de cimento.
Manejando a pá com segurança, lançava-lhe por cima outra camada.
E, sem pedir-lhe opinião, punha por cima outro tijolo.
As paredes cresciam a olhos vistos,
A casa ia elevar-se alta e sólida para abrigar os homens.
Tenho pensado, Senhor, nesse pobre tijolo, enterrado, na noite a dentro, ao pé da grande casa.
Ninguém o vê, mas ele desempenha bem seu papel e os outros precisam dele.
Senhor, que importa que eu esteja na cumeeira da casa ou em seus alicerces contando que eu seja fiel, bem no meu lugar, na Tua construção".[141]

8.7. O utilitarismo despreza o sorriso, a doçura é piegas numa sociedade que se ergue sobre o materialismo

Estamos conscientemente remando contra a maré se, neste começo de novo milênio, falamos sobre o sorriso e exaltamos a doçura no relacionamento entre as pessoas.

Mas esta á uma das vantagens de não ser tão jovem, na caminhada da vida. Temos carta de alforria para discorrer sobre os temas, sem a pressão do tempo e exigências de contemporaneidade.

---

[141] Michel Quoist. *Poemas para rezar*. São Paulo, Livraria Duas Cidades, 1959, p. 37. Tradução de D. Lucas Moreira Neves.

Movimentos Sociais e Direito

Penso que sobretudo pelo sorriso, pela atenção ao próximo, por uma palavra amiga, por um pequeno favor, exercitamos a fraternidade no trabalho, no lar, na vida social, no mundo em geral. É através do contacto humano que reencontramos a beleza do "dia-a-dia", a grandeza do cotidiano.

Sobre o sorriso há uma página, quase mística, de Guy de Larigaudie:

"Existe um meio excelente de criar uma alma amiga: o sorriso. Não aquele, irônico e zombeteiro, o sorriso de esguelha, que julga e rebaixa. Mas o sorriso rasgado, claro, quase uma risada. Saber sorrir é força. Força de apaziguamento, força de doçura, de calma, de irradiação".[142]

Esta vida é uma rápida jornada. Os valores da matéria são ilusórios e fugazes. Eterno é o bem que fazemos, é a virtude que procuramos com empenho praticar, é o ideal a que servimos, é o galardão a que faremos jus pelo trabalho em prol de um mundo melhor.

8.8. O Direito a serviço do ideal de transformar a empresa em "comunidade humana"

Como pode o Direito responder ao projeto de empresa como comunidade humana?

Como pode o Direito contribuir para que se construam empresas inspiradas no solidarismo?

O artigo 170 da Constituição da República Federativa do Brasil determina que a ordem econômica seja fundada na valorização do trabalho humano e na livre iniciativa. Observe-se que, na enunciação, o "trabalho humano", como fundamento da ordem econômica, precede a "livre iniciativa", precedência que não é casual, mas axiológica.

---

[142] Guy de Larigaudie. *Estrela do Alto Mar*. Petrópolis, Editora Vozes, 1958, passim.

Em prosseguimento, o artigo 170 da Constituição de 1988 manda que a ordem econômica tenha por fim assegurar a todos existência digna, conforme os ditames da justiça social.

Ainda a Constituição sufraga como valores e objetivos a serem perseguidos pela "ordem econômica": a função social da propriedade, a defesa do meio ambiente, a busca do pleno emprego, o tratamento favorecido para as empresas de pequeno porte.

Assim a Constituição não desenha o modelo de uma empresa centrada no lucro, no individualismo, no descompromisso com o bem comum. Muito pelo contrário, o que a Constituição quer é a empresa como instrumento de justiça social, tendo como pilar a valorização da pessoa humana.

A nosso ver, andou bem o constituinte de 1988, acudindo os apelos da opinião pública, as pressões dos movimentos sociais, as emendas populares apresentadas à Assembléia Nacional Constituinte, tudo convergindo para que se instituísse no Brasil um Estado de direito democrático e social.

Pedra angular de uma ordem social assim é a empresa, vista como serviço, encarada mais como "comunidade de pessoas" do que como "reunião de capitais e de bens".

O Direito deve responder ao projeto de "empresa como comunidade humana":

- através de legislação que se aperfeiçoe sempre, endereçada a esse objetivo;
- através da ação dos tribunais, interpretando com sabedoria a Constituição e as leis, para favorecer a vocação social das empresas e do conjunto da ordem econômica, e nunca travando os avanços que se possam fazer e que muitas vezes uma visão hermenêutica retrógrada pode embaraçar;
- através do Ministério Público – vigilante, intervencionista, zeloso dos interesses sociais;

Movimentos Sociais e Direito

- através do Advogado, um permanente arquiteto cotidiano da Justiça – o advogado independente, estudioso, perquiridor, colaborador constante do aperfeiçoamento das instituições jurídicas;
- através da opinião pública, pelo exercício amplo da cidadania como direito de todos e recusa de todo estratagema que pretenda fechar ao povo a discussão dos temas de Direito.

É pois uma luta coletiva a que se há de travar. Mas é uma luta indispensável. Só através de um esforço permanente de construir e multiplicar empresas com face humana, empresas como comunidades humanas, só através dessa atuação no microcosmo é que alcançaremos a transformação do macrocosmo.

Empresas – comunidades humanas, empresas que sejam uma mensagem de esperança possível de um Brasil mais justo.

9. Sabatinado por jornalistas

Este capítulo final reúne entrevistas publicadas em órgãos da imprensa, em diversas datas (1997-2000), em diferentes cidades (Fortaleza, Vitória, Colatina).

Controle externo do Poder Judiciário, educação para os Direitos Humanos, fortalecimento da consciência de Cidadania, o sentido da Utopia – foram os principais temas da entrevista concedida à Jornalista Aletéia Patrícia (Fortaleza).

Perante o Jornalista Lucas Caliari Margotto declarei ser necessária uma "revolução cultural" dentro das corporações policiais, com a compreensão de que, dentro do "Estado de Direito", a missão das instituições policiais é servir à população e garantir os direitos da cidadania.

O papel do Ministério Público foi o assunto da entrevista conduzida por Daniela Zanetti. A jornalista questionou-me sobre a atuação dos Promotores de Justiça. Pode o órgão do Ministério Público formular denúncias sem provas suficientes? Em síntese, as perguntas de Daniela Zanetti têm como pano de fundo as questões éticas que envolvem a ação do Ministério Público.

Os assuntos tratados permanecem absolutamente atuais.

Livros anteriores que escrevi foram fechados com entrevistas. Este procedimento agradou a inúmeros leitores que se manifestaram pessoalmente ou por meio de cartas, dizendo o quanto as entrevistas tinham ajudado a

Movimentos Sociais e Direito

compreender o pensamento exposto nas obras. Tais depoimentos foram o estímulo para continuar adotando a idéia de publicar entrevistas em livros.

Acho que o arquiteto de qualquer boa entrevista, mais que o entrevistado é o entrevistador. No caso das três entrevistas selecionadas para este livro, creio que os jornalistas colocaram questões extremamente interessantes e importantes.

O estilo coloquial que caracteriza uma entrevista talvez aconselhe que o leitor – sobretudo o jovem leitor – comece a ler este livro pelo seu capítulo final. Creio que estas entrevistas possam constituir como que uma preparação para a leitura da obra.

Por fidelidade ao texto, não posso excluir dele os juízos elogiosos dos jornalistas, na apresentação das entrevistas. Fiz uma exclusão desta natureza, num dos meus livros, mas pretendo corrigir o equívoco em edição futura da obra. Não tenho o direito, por uma pretendida modéstia, de cortar trecho algum de um trabalho jornalístico.

9.1. Entrevista à Jornalista Aletéia Patrícia. Foi publicada no jornal "O Povo", de Fortaleza, edição de 23 de março de 1997.

Humanista defende controle externo da polícia e judiciário – *João Baptista Herkenhoff, 60 anos, magistrado e livre-docente em Direito da Universidade Federal do Espírito Santo (UFES), quer muito. Quer a utopia dos direitos humanos realizada universalmente. Utopia que acredita ser possível através da construção histórica de uma luta popular. A luta – e conseqüentemente a vitória – se dariam pelo engajamento de populares, principalmente dos jovens. "Pela concretização dos ideais de dignidade humana". Herkenhoff destaca a importância, mais do que nunca, da atuação da sociedade para resolver seus próprios problemas. No entanto, ressalta ver um pouco de apatia nos movimentos em grupos. Destaca que no período* *pré-constituinte, de 1984 a 1988, o brasileiro foi bem mais ativo politicamente. Ele defende que as organizações do Estado sejam controladas externamente por conselhos sociais. Assim, segundo ele, a justiça e a polícia realizariam um trabalho mais justo e menos corporativista. João Baptista cobra também que a Constituição de 1988 seja regulamentada e que o Ministério Público passe de fato a fiscalizar as polícias de todo o Brasil. Para ele, a polícia seria menos arbitrária e cometeria menos abusos se fosse seguida de perto por cobradores das leis existentes. O professor está em Fortaleza ministrando a disciplina Hermenêutica e Prática Judiciária aos alunos de pós-graduação em Direito da Universidade de Fortaleza (Unifor) e lançou esta semana o livro "Direitos Humanos – a Construção Universal de uma Utopia". João Baptista Herkenhoff conversou com O POVO na última terça-feira. Leia a seguir os principais trechos da entrevista.*

Aletéia Patrícia, Da Editoria de Cidades.

- Poder Judiciário e Polícia

Eu sou a favor do controle externo da justiça e da polícia. Nenhum poder pode ser incontestável. O que caracteriza a democracia é o controle de um poder sobre o outro. O Poder Judiciário deve ser controlado externamente. (...) Nenhum poder pode ficar acima do controle do povo. O poder emana do povo e em seu nome será exercido. Mas devemos dizer que não é qualquer controle. Se o controle for mal feito pode até piorar o Poder Judiciário. Mas se for bem elaborado, bem planejado e construído pode ser muito útil como em outros países. O controle da polícia está até previsto na Constituição de 1988, só não é executado até agora. Há um órgão que tem o dever de controlar a polícia que é o Ministério Público. Até hoje o preceito constitucional não foi regulamentado.

- Corrupção Policial

O controle externo evitaria corrupções de policiais e abusos. Existe em toda instituição o espírito de corpo. Em todas as instituições. Se o controle ficar restrito a ela

---

Movimentos Sociais e Direito

mesma, então há o apadrinhamento, a tolerância. É preciso que haja um controle externo sempre. Ele é que vai permitir que prevaleçam os interesses sociais.

- Direitos Humanos

São todos os direitos que o homem tem como ser humano. Esses direitos que o homem tem partem de um conceito fundamental de dignidade humana construído através de toda a história, de filósofos, de profetas e de pensadores anônimos do povo. (...)

- Direitos de Cidadania

Primeiro é preciso que cresça muito a consciência de direitos humanos e de cidadania. No passado recente do Brasil, houve mais luta coletiva do que no momento. Se nós observarmos o período que antecedeu a Constituição, de 1984 a 1988, vemos que foi um período de muita luta. Hoje, eu vejo um pouco de apatia. Não vejo o povo tão organizado. Estamos sob a ameaça de retrocessos em matéria de direitos. Conquistas que foram inscritas na Constituição de 1988 estão sendo ameaçadas, conquistas dos trabalhadores, conquistas sociais, sob o argumento de que o Brasil tem que se enquadrar no panorama da globalização. Isso é uma mentira. A França é um país rico, mas um milhão de operários se uniu em Paris numa manifestação pública contra qualquer redução de direitos sociais. Não é verdade que as novas regras mundiais imponham retrocessos.

- Brasil

O Brasil é um país violador dos direitos humanos, não é o único. Lamentavelmente, isso acontece em toda parte. O Brasil faz isso de maneira muito violenta em muitas hipóteses. Por exemplo, não só a situação dos meninos de rua, mas o assassinato desses meninos. A situação de marginalização social da população, de fome que atinge uma faixa muito grande do povo brasileiro. Isso é inadmissível num país rico como o Brasil, com tantas exuberâncias. Se de um lado nós vemos a violação

168 *João Baptista Herkenhoff*

contínua dos direitos humanos, por outro lado, nós vemos contraditoriamente o crescimento da consciência sobre o assunto. Eu acho que está havendo um progresso nesse sentido. Há trinta anos a consciência de cidadania era menor do que hoje. Agora, a pessoa que tem um direito violado tem consciência disso, antes ela sofria achando que era natural, porque Deus quer. Isso é positivo porque todo processo histórico começa pela consciência. O passo seguinte é a luta, sobretudo a luta coletiva. A luta tem que ser socializada. Não podemos partilhar da idéia de profetas individuais, de salvadores da pátria. Essa salvação não é obra de uma pessoa, mas de um povo unido que se organiza através das mais diversas forças, associações de bairro, profissionais, partidos políticos.

- Educação

Direitos humanos não devem ser alvo de estudo apenas da faculdade de Direito. No curso de Direito a disciplina pode ser vista de forma curricular, mas não foi incluída como matéria obrigatória. A matéria é essencial e está havendo interesse em muitas universidades. Nenhum curso e nem as escolas de 2º grau deveriam deixar de dar direitos humanos.

- Direitos Universais

Verificamos como a humanidade construiu os chamados direitos humanos. Nós chegamos a uma constatação muito interessante: existem conceitos universais de direitos humanos, que foram defendidos nas mais diversas culturas. Na África, na Ásia, os povos indígenas da América Latina. Em todas as culturas, religiões e doutrinas, nós encontramos a seiva dos direitos humanos. Essa constatação científica me proporcionou uma descoberta muito feliz. A humanidade sempre alimentou o sonho da dignidade humana. Lá na Índia com suas castas houve uma voz profética que se colocou contra as castas. No Egito de escravidão, houve o pensador que se opôs

Movimentos Sociais e Direito

àquilo e foi morto. Verdadeiras mentes iluminadas que nos seus tempos pregaram idéias de justiça independente do nascimento, da raça, da fortuna.

- **Utopia** (sobre o subtítulo do livro *A Construção Universal de uma Utopia*)

A utopia existe em dois sentidos. O mais comum, como uma coisa impossível. O outro sentido, que é o clássico, filológico, é a utopia como alguma coisa que constitui um ideal que nós podemos realizar pela nossa luta. A palavra está usada no segundo sentido, de projeto histórico que pode ser realizado pela luta do povo. Então, entendemos os direitos humanos como um projeto histórico que pode ser realizado e que pode ser realizado pouco a pouco e que tem na sua rota a construção universal de uma utopia. Os direitos humanos não são propriedade de um país, embora certos países tenham dado uma contribuição importante como a Declaração dos Direitos do Homem, na Revolução Francesa, a Declaração de Direitos, da Revolução Norte-Americana. É claro que há documentos importantes de alguns povos do Ocidente, mas a idéia de que os direitos humanos são uma criação exclusiva do Ocidente branco é um preconceito. Os direitos humanos foram construídos por muitos povos e aí também nós temos que discutir um conceito restrito de direitos humanos que entende que os direitos humanos são aqueles que o cidadão pode opor ao Estado, são como uma baliza do poder do Estado.

- **Realização da Utopia**

Acredito na realização da Utopia, mas não vai ser espontaneamente. Vai ser na luta. A luta do povo organizado, partindo da consciência do povo, da luta da juventude. A juventude tem um papel fundamental ao oferecer o seu idealismo, a sua força, a sua esperança no futuro para que haja esse avanço na sociedade.

Herkenhoff lançou livro – Conversar com o autor de *Gênese dos Direitos Humanos e Direitos Humanos – A Construção universal de uma utopia*, João Baptista Herkenhoff, é um aprendizado. Durante toda a entrevista o catedrático professor demonstrou – como um jovem – simpatia e zelo pelo trabalho. Ele, como poucos, de fato acredita na transformação da sociedade e diz que apesar de todos os problemas, muita coisa boa está acontecendo.

Ele exemplifica falando do nível de consciência dos "cidadãos comuns". "Antes as pessoas não exigiam seus direitos. Achavam que as coisas aconteciam porque tinham de ser, porque Deus queria. Hoje é diferente" – afirma.

O livro *Direitos Humanos – A construção universal de uma utopia* (Editora Santuário) traça uma dinâmica histórica dos direitos humanos na construção da cidadania. As principais referências são ao Brasil.

Herkenhoff elaborou seu trabalho durante o período em que esteve na França e "descobriu" o que ele considera de grande valia: os direitos humanos são universais. "Por mais diferentes que as civilizações sejam, elas lutam pela dignidade humana" – acredita.

9.2. Entrevista concedida ao Jornalista Lucas Caliari Margotto, para o jornal "Sui Generis", publicação mensal da OAB, Subseção de Colatina, Espírito Santo. Foi estampada na edição de setembro de 1997

A entrevista deste mês foi visitar a sabedoria de um dos grandes nomes do Direito em nosso Estado: Dr. João Baptista Herkenhoff. Professor, advogado, promotor de Justiça, juiz do Trabalho e juiz de Direito, além de escritor, este senhor foi um dos fundadores da Comissão de Justiça e Paz da Arquidiocese de Vitória e um dos fundadores também da Faculdade de

Movimentos Sociais e Direito

Direito de Cachoeiro de Itapemirim. Membro da Academia Espírito-Santense de Letras, mestre em Direito pela PUC/RJ e pós-doutorado pela Universidade de Wisconsin (EUA), também é ex-professor da Faculdade de Direito de Colatina e da Faculdade de Ciências Econômicas de Colatina. Autor de 21 livros[143] sobre temas ligados ao Direito, Constituinte, Cidadania, Ética, Educação e Direitos Humanos, planeja escrever mais, como ele mesmo diz, "se Deus assim o permitir". Acompanhem a matéria:

SG – Diante da crise que a maioria dos Estados enfrentam com suas corporações militares, o Sr. acha que é o momento para se rever suas funções constitucionais?

JBH – Sim, penso que cabe rever as funções constitucionais da Polícia Militar, Polícia Civil, Polícia Federal. Mas não me parece que o problema se situe apenas no plano da revisão constitucional. Faz-se necessária uma "revolução cultural" dentro das corporações policiais, com a compreensão de que, dentro do "Estado de Direito", a missão das instituições policiais é servir à população e garantir os direitos da cidadania. O povo precisa confiar na Polícia. O pobre, o migrante, o negro têm de ver na Polícia uma defesa, uma segurança. Para isso é preciso que o policial se veja como um defensor do povo, sobretudo dos humildes, e nunca seja um opressor, um praticante permanente do "abuso de poder".

SG – O Sr. foi pioneiro no país em matéria de penas alternativas. Seriam estas a saída para se resolver os problemas carcerários no Brasil?

JBH – Suponho que sim. Relatei nossa experiência das penas alternativas no livro "Crime, Tratamento sem Prisão", cuja 3a. edição está para sair pela Livraria do Advogado Editora, de Porto Alegre.[144] A obra mostra a aplicação de "penas alternativas" num decênio (1970-1980). Fiz a pesquisa com a ajuda de 16 alunos meus do

---

[143] Número de livros publicados pelo autor, na data da entrevista.

[144] A referência à 3ª edição tem pertinência com a data da entrevista.

Curso de Direito da UFES. A investigação, realizada dentro de rigorosa metodologia científica, demonstrou o êxito das "penas alternativas". Observe-se contudo um ponto fundamental: os casos estudados (mais de 200) foram casos em que atuei como Juiz de Direito. Acompanhei cada pessoa, sempre conversava com os beneficiados pelas medidas alternativas quando se apresentavam no Fórum. Nunca deleguei esta tarefa a terceiros. Creio que as "penas alternativas" exigem um comprometimento do magistrado com a causa de humanização do Direito Penal. O juiz tem que "apostar" nos indiciados, acusados e réus, tem que ser um "anjo da Guarda", ao lado deles. Acredito que este apoio do magistrado é fundamental para que as vidas marcadas por um processo criminal tomem um novo rumo.

SG – O Poder Judiciário pode ser controlado pela sociedade? Qual seria a sua fórmula para isso?

JBH – Acho indispensável o "controle externo do Poder Judiciário". Já defendia esta tese quando estava no serviço ativo da magistratura. O controle externo da Justiça não é contra a Justiça, mas a favor da Justiça. Esse controle vai melhorar a Justiça, desde que seja muito bem discutido e planejado. Quem deve exercer o "controle" é a "sociedade civil", através de seus órgãos representativos.

SG – O cidadão comum, sem posses, ainda pode acreditar na Justiça diante de tantas fraudes e atos de corrupção sem julgamento?

JBH – Deve continuar acreditando mas lutando para que a Justiça cumpra sua finalidade. Se perder a esperança e achar que está tudo normal, "a vaca vai para o brejo", como diz o povo simples, na sabedoria de sua linguagem desataviada e sincera. O povo tem o direito de exigir Justiça, como tem direito de exigir pão, teto, saúde, educação. Nenhum povo avança, na sua caminhada histórica, se não tiver consciência de sua dignida-

Movimentos Sociais e Direito

de e da sacralidade de seus direitos. Ter uma Justiça digna, reta, impoluta, igual para todos, rápida, gratuita para os pobres – não é um favor que o povo recebe. É um direito que deve exigir através da organização popular (sindicatos, associações de moradores, comunidades de Igreja, entidades civis, OAB etc.) Justiça não é esmola, mas franquia democrática irrenunciável. Juiz corrupto não é juiz, é pior que o mais perigoso bandido. Daí ser necessário selecionar com muito critério os juízes, banindo dos concursos o afilhadismo, o nepotismo e outras espécies de corrupção. Aprovado o juiz, ele deve estar sujeito a um estágio probatório, que seria como um novo concurso. Os concursos não devem ser organizados e promovidos apenas pelas cúpulas da Justiça (tribunais). A sociedade civil deveria participar da escolha dos magistrados, especialmente do "julgamento do estágio probatório", que não deve ser apenas um julgamento técnico, mas um julgamento ético dos candidatos à efetivação.

SG – Dr. João, e quanto a planos e perspectivas?

JBH – Quanto a planos e perspectivas, gostaria de continuar estudando, escrevendo, dando seminários pelo Brasil, desde que Deus, o Senhor da Vida, me dê vida e saúde.

9.3. Entrevista concedida à Jornalista Daniela Zanetti, para a Revista "Capixaba Agora" (2000)

DZ – Há o pensamento de que jovens promotores "afoitos" podem estar fazendo denúncias precipitadas, às vezes sem provas suficientes, e divulgando fatos na imprensa antes mesmo de haver a certeza de quem é culpado ou inocente. O que o senhor acha disso?

JBH – Discordo dessa opinião. Antes de responder, peço permissão para me dispensar do uso de termos rigorosamente técnicos porque esta entrevista deverá ser lida pelo público leigo, não é uma entrevista para ser publicada numa revista jurídica. A certeza da culpa só é exigida na sentença que o juiz profere. Se o juiz tiver dúvida da culpabilidade de um acusado, deve absolver o acusado. A posição do Ministério Público é muito diferente. Havendo mera suspeita da prática de um crime, o Ministério Público deve acionar a Polícia para a abertura do inquérito policial. Concluído o inquérito, se há prova do crime e indícios de autoria, o Ministério Público deve denunciar o "indiciado" que passa a ser então "acusado". O processo é "aberto" quando o juiz "recebe" a denúncia do Promotor. A partir daí é indispensável o "contraditório", isto é, deve haver acusação e defesa. Ninguém pode ser julgado sem que lhe seja assegurada plena e ampla defesa. O advogado, ao defender um acusado, presta um serviço à Justiça. O que é contra a ética do advogado é "ligar-se" ao crime. Defender um acusado nunca contraria a ética porque o "direito de defesa" é um direito sagrado.

DZ – O senhor concorda com o uso da mídia como forma de criar pressão por parte da opinião pública? Em que casos isso é válido? Não se corre o risco de estar colocando a cara de gente inocente nos jornais, sem haver antes provas concretas?

JBH – A imprensa deve ser investigativa. A posição da imprensa é parecida com a do Ministério Público. A ética não exige que a imprensa tenha a convicção da culpa para noticiar um suposto crime. Mas a imprensa deve sempre assegurar defesa àquela pessoa que é acusada. E deverá sempre haver muito cuidado. Nunca será ético veicular denúncias que, já à primeira vista, percebe-se infundadas ou mesmo maliciosas. Se na sua missão investigativa a imprensa denunciou injustamente alguém, é dever ético da imprensa reparar a injustiça quando fatos posteriores provarem que a "pista" seguida pela imprensa era falsa. Um "desmentido" nunca

Movimentos Sociais e Direito

desmoraliza um jornal. Pelo contrário, demonstra o grau de dignidade e de ética que rege a orientação do jornal. E deve ser dado ao "desmentido" o mesmo destaque, ou destaque ainda maior, do que aquele que foi dado à notícia originária inverídica.

DZ – Que casos recentes no Espírito Santo o senhor citaria como bons exemplos que caracterizam a atuação do Ministério Público, tanto para o lado positivo, quanto para o negativo, se é que essa divisão pode ser feita?

JBH – Vejo com muita simpatia a atuação recente do Ministério Público no Espírito Santo. Orgulho-me de que a maioria dos jovens promotores seja constituída de ex-alunos meus. Tenho a pretensão (sem vaidade) de ter deixado um "selo" na formação humanística, jurídica e ética desses jovens promotores. Destaco como ponto altamente positivo a posição assumida pelo Ministério Público no combate ao crime organizado. Pode haver alguma pequena falha, na ação deste ou daquele promotor, porque errar é humano. Mas, numa apreciação global, não me parece justo fazer qualquer censura ao posicionamento do Ministério Público.

DZ – O senhor acha que são muito amplas as atribuições do Ministério Público hoje? De que forma essas atribuições podem ser utilizadas da melhor maneira possível?

JBH – Não me parece que haja excesso de atribuições conferidas ao Ministério Público. Um Ministério Público ativo, participativo, investigativo integra o elenco das instituições democráticas. Não pode haver "Estado de Direito" sem Ministério Público independente e respeitado. Aperfeiçoamento sempre existe para ser feito, em todas as instituições. Um dos encantos da vida é que as obras humanas nunca estão terminadas.

Livros do autor, anteriores a este, com registro das sucessivas edições

1. O ensino de Organização Social e Política Brasileira, na escola de grau médio. Cachoeiro de Itapemirim, ES, edição mimeografada, 1963. Esgotado.
2. Na Tribuna do Ministério Público. Cachoeiro de Itapemirim, Editora Marjo, 1965. Esgotado.
3. Pela Justiça, em São José do Calçado. São José do Calçado/ES, 1971. Impresso na Escola de Artes Gráficas da União dos Lavradores de Vala do Souza. Esgotado.
4. Considerações sobre o Novo Código de Processo Civil. Porto Alegre, Ajuris, 1974 (Prêmio André da Rocha, ano de 1973, conferido pela Associação de Juízes do Rio Grande do Sul – 1° lugar em Concurso Nacional de Monografias). Esgotado.
5. A Função Judiciária no Interior. São Paulo, Resenha Universitária, 1977. Esgotado.
6. Como Aplicar o Direito (à Luz de uma Perspectiva Axiológica, Fenomenológica e Sociológico-Política). Rio de janeiro, Forense, 1979 (1ª edição), 1986 (2ª edição, revista, ampliada e atualizada), 1994 (3ª edição, novamente revista, ampliada e atualizada), 1997 (4ª edição, mais uma vez revista e atualizada), 1999 (5ª e 6ª edições), 2001 (7ª edição) e 2002 (8ª edição).
7. Uma Porta para o Homem no Direito Criminal. Rio de Janeiro, Forense, 1980 (1ª edição), 1988 (2ª edição, corrigida e acrescida), 1999 (3ª edição) e 2000 (4ª edição).
8. 1.000 Perguntas: Introdução à Ciência do Direito. Rio de Janeiro, Editora Rio, 1982. Esgotado.
9. Como Participar da Constituinte. Petrópolis, Editora Vozes, 1985 (1ª e 2ª edições), 1986 (3ª edição atualizada, 4ª, 5ª e 6ª edições). Esgotado.
10. Introdução ao Estudo do Direito (a partir de perguntas e respostas). Campinas, Julex Livros, 1987. Esgotado.
11. Constituinte e Educação. Petrópolis, Editora Vozes, 1987. Esgotado.
12. Crime, Tratamento sem Prisão. Petrópolis, Editora Vozes, 1987 (1ª edição). Porto Alegre, Livraria do Advogado Editora, 1995 (2ª edição, revista e acrescida) e 1998 (3ª edição, revista e acrescida).

Movimentos Sociais e Direito

13. Dilemas da Educação - dos Apelos Populares à Constituição. São Paulo, Cortez Editora/Autores Associados, 1989. Esgotado.
14. Direito e Utopia. São Paulo, Editora Acadêmica, 1990 (1ª edição) e 1993 (2ª edição). Porto Alegre, Livraria do Advogado Editora, 1999 (3ª edição revista e atualizada) e 2001 (4ª edição).
15. Instituições de Direito Público e Privado. São Paulo, Editora Acadêmica, 1992. Esgotado.
16. O Direito dos Códigos e o Direito da Vida. Porto Alegre, Sergio Antonio Fabris - Editor, 1993. Em fase final de preparação para a reedição.
17. Para gostar de Direito - Carta de iniciação para gostar do Direito. São Paulo, Editora Acadêmica, 1994 (1ª edição), 1995 (2ª edição). Porto Alegre, Livraria do Advogado Editora, 2000 (3ª edição), 2001 (4ª edição) e 2003 (5ª edição).
18. Gênese dos Direitos Humanos. São Paulo, Editora Acadêmica, 1994 (1a edição). Aparecida (SP), Editora Santuário, 2002 (2ª edição).
19. Para onde vai o Direito? Porto Alegre, Livraria do Advogado Editora, 1996 (1a. edição), 1997 (2a. edição) e 2001 (3ª edição).
20. 1000 Perguntas - Introdução ao Direito. Rio de Janeiro, Thex Editora - Biblioteca da Universidade Estácio de Sá, 1996 (1ª edição) e 2000 (2ª edição).
21. Ética, Educação e Cidadania. Porto Alegre, Livraria do Advogado Editora, 1996 (1ª edição) e 2001 (2ª edição).
22. ABC da Cidadania. Vitória, Secretaria de Cidadania da Prefeitura Municipal de Vitória, 1996 (1ª edição) e 1997 (2ª edição). Em ambas as edições: 10 mil exemplares, distribuição gratuita. Esgotado.
23. Direitos Humanos - a construção universal de uma utopia. Aparecida (SP), Editora Santuário, 1997 (1ª edição), 2001 (2ª edição) e 2002 (3ª edição).
24. O Direito Processual e o Resgate do Humanismo. Rio de Janeiro, Thex Editora, 1997 (1ª edição) e 2001 (2ª edição).
25. Direitos Humanos – uma idéia, muitas vozes. Aparecida (SP), Editora Santuário, 1998 (1ª edição), 2000 (2ª edição) e 2001 (3ª edição).
26. Agenda da Cidadania (concebida pela Secretaria Municipal de Cidadania da Prefeitura Municipal de Vitória). Redação dos comentários à Declaração Universal dos Direitos Humanos. Seleção, com Vera Viana, de frases sobre Cidadania e Direitos Humanos, para a reflexão diária. Esgotado.
27. Fundamentos de Direito. Rio de Janeiro, Editora Forense, 2000 (1ª edição) e 2001 (2ª edição).
28. Justiça, direito do povo. Rio de Janeiro, Thex Editora, 2000 (1ª edição) e 2002 (2ª edição).
29. Como funciona a Cidadania. Manaus, Editora Valer (Coleção "Como funciona"), 2000 (1ª edição) e 2001 (2ª edição). Esgotado.
30. Ética para um mundo melhor – Vivências, experiências, testemunhos. Rio de Janeiro, Thex Editora, 2001 (1ª edição) e 2002 (2ª edição).
31. Cidadania para todos. Rio de Janeiro, Thex Editora, 2001 (1ª edição) e 2002 (2ª edição).

Referências bibliográficas

AÇÃO CATÓLICA OPERÁRIA. Manifesto da Ação Católica Operária, Secretariado Regional do Nordeste. Recife, março de 1967. In: *Revista Vozes*, ano 61, número 5, maio de 1967.

ALFONSIN, Jacques Távora. *O acesso à terra como conteúdo de direitos humanos fundamentais à alimentação e á moradia.* Porto Alegre: Sergio Antonio Fabris, 2003.

ALVARENGA, Octavio Mello Alvarenga. *Direito Agrário.* Rio de janeiro: Instituto dos Advogados Brasileiros, 1974.

ALVARENGA, Octavio Mello. Pela Criação da Justiça Agrária e Tribunais Agrários Especiais. In: *Revista do Instituto Brasileiro de Direito Agrário,* Rio de Janeiro, ano 1, n° 1, junho/julho de 1968.

ALVARENGA, Octavio Mello. Tópico "Justiça Agrária Especializada", em "Análise e Dinâmica da Reforma Agrária Brasileira". In: *Revista da Ordem dos Advogados do Brasil,* Rio de janeiro, ano III, vol. III n° 5, janeiro/abril de 1971.

ALVARENGA, Octavio Mello. Justiça Agrária e Realidade Brasileira. In: *Revista do Instituto dos Advogados Brasileiros,* Rio de Janeiro, ano VI, n° 27, janeiro de 1973.

ALVES, Giovanni. *Dimensões da Globalização – o Capital e suas Contradições.* Londrina: Praxis, 2001.

ANTUNES, Ricardo. *Adeus ao Trabalho?* Ensaios sobre as metamorfoses e a centralidade do mundo do trabalho. São Paulo: Cortez, 1997.

AQUINO, Tomás de. *Suma Teológica* (excertos). Tradução de Alexandre Correia. In: Textos de Filosofia Geral e Filosofia do Direito. (Aloysio Ferraz Pereira, org.) São Paulo: Revista dos Tribunais, 1980.

ARAUJO, José Bezerra de. *Modernização da Agricultura e Organização da Força de Trabalho no Semi-Árido da Bahia.* Instituto de Economia da UNICAMP, 1994. Colhido da internet através do buscador Google, procurando o verbete "Justiça Agrária".

Movimentos Sociais e Direito

ARNOLD, Thurman W. *El derecho como simbolismo*. (Extractos de Thurman W. Arnold, The Symbols of Government, Harcourt, Bruce and World, p. 33/70, 1962).

BARBOSA, Rui. *Obras Completas*. vol. XXXVI, t. 1. Rio de Janeiro: Editora MEC, 1967.

BOTTOMORE, T. B. *Introdução à Sociologia*. Rio de Janeiro: Zahar, 1965.

BRUGGER, Walter. *Dicionário de Filosofia*. 2ª ed. São Paulo: Herder, 1969.

CARLOS, Newton. *Peru, O Novo Nacionalismo Latino-Americano*. Rio de Janeiro: Lia Editor, 1969.

CLÈVE, Clémerson Merlin. *O Direito e os direitos*. São Paulo: Acadêmica, 1988.

CNBB (Conferência Nacional dos Bispos do Brasil). *Documento final da 25a Assembléia Geral*. Itaici, SP, 22 de abril a 1o de maio de 1987. Colhido através da internet, no buscador Google, procurando "Justiça Agrária".

COUTURE, Eduardo J. *Introdução ao Estudo do Processo Civil*. Tradução de Mozart Victor Russomano. *Apud* Francisco Raitani. *Prática de Processo Civil*. São Paulo: Saraiva, 1968.

DAHL, Robert A. *A moderna análise política*. 2ª ed. Rio, Lidador, 1970.

FACHIN, Luiz Edson. *Justiça e injustiça agrária*. In: Revista de Direito Agrário e meio ambiente, ano 1, n.º 1. Curitiba, ITCF, 1986.

FANON, Franz. *Os Condenados da Terra*. Tradução de José Laurênio de Melo. Rio de Janeiro: Editora Civilização Brasileira, 1979.

FARIAS, Pedro Aurélio Rosa de. *Justiça Agrária*. Correio Braziliense, suplemento "Justiça", agosto de 1996.

FERREIRA, Pinto. *Comentários à Constituição Brasileira*. 4º volume. São Paulo: Saraiva, 1992.

FERREIRA, Pinto. *Curso de Direito Agrário*. São Paulo: Saraiva, 1994.

FONSECA, Roberto Piragibe da. *Introdução ao Estudo do Direito*. Rio de Janeiro: Freitas Bastos, 1975.

FREIRE, Homero. "A Justiça e o tempo". In: *Jurídica*. Rio de Janeiro, nº 117.

FREITAS, Juarez de. Usucapião de terras devolutas em face de uma interpretação constitucional teleológica. In: *Revista Trimestral de Jurisprudência dos Estados*. v. 121, fev. 1994.

FREY, Ivo. Direito Agrário e Justiça Rural. In: *Revista do Instituto Brasileiro de Direito Agrário*, Rio de Janeiro, ano I, nº 1, junho/julho de 1968.

FURTADO, Celso. *Um Projeto para o Brasil*. 3ª ed. Rio de Janeiro: Saga, 1968.

GALAN, Beatriz B. & Garibotto, Rosa A. *Derecho Agrario*. Buenos Aires: Abeledo-Perrot, 1967.

GISCHKOW, Emílio Alberto Maya. *Princípios de Direito Agrário*. São Paulo: Saraiva, 1988.

GOHN, Maria da Glória. *Teorias dos Movimentos Sociais: Paradigmas Clássicos e Contemporâneos*. São Paulo: Loyola, 1997.

JOÃO XXIII. *Mater et Magistra*. Rio, Livraria José Olympio, 1963. Tradução de Luís José de Mesquita. Introdução de Alceu Amoroso Lima.

JUNQUEIRA, Eliane Botelho. *Através do espelho: ensaios de Sociologia do Direito*. Rio de Janeiro: Letra Capital Editora & Instituto Direito e Sociedade, 2001.

LARIGAUDIE, Guy de. *Estrela do Alto Mar*. Petrópolis: Editora Vozes, 1958.

LEITE, Edgard Teixeira. O Estatuto da Lavoura Canavieira, a Reforma Agrária e a Justiça Rural. In: *Jurídica*, nº 76.

LENZA, Vítor Barbosa. *Juizados Agrários*. Goiânia: AB Editora, 1995.

LIMA, Rafael Augusto de Mendonça. *A importância da Teoria do Direito Agrário*. In: Revista da Faculdade de Direito da Universidade Federal de Goiás. Goiânia: Faculdade de Direito da UFG, n. 1/2, janeiro/dezembro de 1988.

LIMA, Rafael Augusto de Mendonça. *Direito Agrário*. Rio de Janeiro: Renovar. 1994.

LOCKE, John. *Segundo tratado sobre o governo*. São Paulo: Ibrasa, 1963, tradução de E. Jacy Monteiro.

MACHADO NETO, Antônio Luís. *Sociologia Jurídica*. São Paulo: Saraiva, 1973, 2ª ed.

MAIA, J. Motta. *Justiça agrária, igualdade de todos em face da lei*. In: Anais da IV Conferência da Ordem dos Advogados do Brasil. Salvador, 1976.

——. "A Reforma Agrária e a Justiça Rural". In: *Jurídica*, nº 91.

——. Reflexões sobre a conveniência e viabilidade da Justiça Rural especializada, in: *Jurídica*, nº 104.

MALEZIEUX, R. & Randier, R. *Traité de Droit Rural*. Paris: Librarie Generale de Droit et de Jurisprudence, 1972.

MARCIAL, A. Ballarin. *Derecho Agrario*. Madri: Editorial Revista de Derecho Privado, 1965.

MARINONI, Luiz Guilherme. *Novas linhas do Processo Civil*. São Paulo: Revista dos Tribunais, 1993, passim.

MATOS NETO, Antônio José. *Por uma justiça agrária e ambiental*. Revista Justicia Agraria y Ambiental en América, San José/Costa Rica, 1998.

Movimentos Sociais e Direito

MELLO, José Luis de Anhaia. *Da separação de poderes à guarda da Constituição*. São Paulo: Revista dos Tribunais, 1968.

MELLO, Thiago de. *Faz escuro mas eu canto*. Rio de Janeiro: Civilização Brasileira, 1978.

MELO FILHO, Hugo Cavalcanti. *Novos movimentos sociais e o Associativismo dos Juízes*. Colhi pela internet, através do site www.google.com.br, procurando o tema "movimentos sociais".

MIGNONE, Carlos Ferdinando. As Relações de Trabalho no Campo e a Justiça do Trabalho. In: *Revista do Instituto Brasileiro de Direito Agrário*, Rio, ano 1, n° 1, junho/julho de 1968, p. 100 segs.

MNDH (Movimento Nacional de Direitos Humanos). *Manifesto de Olinda*. Olinda, 1986, reprodução mimeografada.

MIRANDA, Alcir Gursen de. *Justiça agrária*. Goiânia: UFG, 1985.

MONTESQUIEU. *O Espírito das Leis*. Introdução, tradução e notas de Pedro Vieira Mota. São Paulo: Editora Saraiva, 1987.

MORAES, Sônia H. Novaes G. "Por uma Justiça Agrária Verdadeira". In: *Questionando a Justiça Agrária*. Rio de Janeiro: Apoio Jurídico Popular / FASE, 1986, p. 8.

NEUMANN, Franz. *Estado Democrático e estado autoritário*. Trad. de Luis Corção. Rio de Janeiro: Zahar, 1969.

NUÑEZ, Lucio Mendieta y. *El sistema agrario constitucional*. México: Editorial Porrua, 1966, tercera edicion.

OFFE, Claus. *Capitalismo desorganizado*. São Paulo: Brasiliense, 1992.

OSÓRIO, Joaquim Luís. *Direito Rural*, 2ª ed. Rio de Janeiro: José Konfino, 1948.

PINOTI, Antônio Jurandir. "Juiz natural e Justiça Agrária". In: *Justiça e Democracia*, revista semestral de informação e debates, publicada pela Associação "Juízes para a Democracia". Número especial de lançamento. São Paulo: Revista dos Tribunais, 1995.

PRESSBURGER, Miguel. Questionando a Justiça Agrária. Texto de apresentação à publicação com o mesmo título. In: *Questionando a Justiça Agrária*. Rio de Janeiro: Apoio Jurídico Popular / FASE, 1986.

QUOIST, Michel. *Poemas para rezar*. Tradução de D. Lucas Moreira Neves. São Paulo: Livraria Duas Cidades, 1959.

RAMOS, Graciliano. *São Bernardo*. 22ª ed. São Paulo: Martins, 1974.

RIBEIRO, C. J. de Assis. Justiça Rural e Intervenção Estatal em Zonas de Conflito Rural. In: *Jurídica*, n° 91 e n° 94.

RICCI, Rudá Ricci. *Movimentos Sociais Urbanos e Rurais no Brasil Contemporâneo*. Colhido através da internet no site www.google.com.br, procurando o tema "movimentos sociais". Não é registrada a fonte bibliográfica correspondente ao texto.

RICIOTT, Mauri Valentim. *O Ministério Público e os Movimentos Sociais*. Monografia extraída da internet, no site www.google.com.br, procurando "Movimentos Sociais".

RIPERT, Georges. A criação do Direito. In: A. L. Machado Neto & Zahidé Machado Neto, *O Direito e a vida social*. São Paulo: Editora Nacional e Universidade de São Paulo, 1966.

SADEK, Maria Tereza. *A crise do Judiciário vista pelos juízes: relatório de pesquisa*. São Paulo: IDESP - Instituto de Estudos Econômicos, Sociais e Políticos de São Paulo, 1994.

SANTOS, Milton. *Por uma outra globalização – do pensamento único à consciência universal*. São Paulo: Record, 2000.

SIQUEIRA, Sandra Maria Marinho. *O papel dos movimentos sociais na construção de outra sociabilidade*. Colhido através da internet no site www.google.com.br, procurando o tema "movimentos sociais".

SOARES, Orlando. *Comentários à Constituição da República Federativa do Brasil*. Rio de Janeiro: Forense.

SOUSA JÚNIOR, José Geraldo de. *Sociologia Jurídica: Condições Sociais e Possibilidades Teóricas*. Porto Alegre: Sergio Fabris, 2002.

STORNIOLO, Ivo & Euclides Martins Balancin (tradução, introduções e notas). *Bíblia Sagrada*. Edição Pastoral. São Paulo: Edições Paulinas, 1990.

TOURAINE, Alain. Movimentos sociais e ideologias nas sociedades dependentes. In: Albuquerque, J. A. G. (org.). *Classes médias e política no Brasil*. Rio de Janeiro: Paz e Terra, 1977.

VIANNA, Fernando Reis. Direito Agrário – Pressuposto para uma Justiça Especializada. In: *Revista de Direito Agrário*, INCRA, n° 1, 2° trimestre de 1973.

VIANNA, Luiz Wernneck & outros. *Corpo e alma da magistratura brasileira*. Rio de Janeiro: Revan, 1997.

VILHENA, Paulo Emílio Ribeiro de. Estrutura orgânica da Justiça do Trabalho. In: *Revista de Informação Legislativa*, editada pelo Senado Federal, ano VIII, n° 30, abril/junho de 1971.

WOLKMER, Antônio Carlos. *Pluralismo Jurídico*. São Paulo: Editora Alfa-Ômega, 2001.

WOLKMER, Antônio Carlos. *Introdução ao Pensamento Jurídico Crítico*. São Paulo: Saraiva, 2002.

Impressão:
Editora Evangraf
Rua Waldomiro Schapke,77 - P. Alegre, RS
Fone: (51) 3336-2466 - Fax: (51) 3336-0422
E-mail: evangraf@terra.com.br